군산여중 1학년 때, 집 정원에서 아버지가 찍어주신 사진. 내 어린 시절, 부모님은 힘든 상황에 놓인 많은 사람들을 돕는 데 늘 앞장섰다. 그런 부모님을 보면서 자연스레 나보다 힘든 이들을 돕고자 하는 마음이 싹텄다.

미국 유학 시절 로스앤젤레스
의 한 공원에서. 1967년 미국
펜실베이니아 주정부의 초청
으로 시각장애 교사 자격증을
따기 위해 혼자 유학을 떠났다.

큰아들 진석이의 하버드 대학
졸업식에서. 진석이는 평범한
어린 시절을 보냈지만 하버드
대학에 진학했다. "영재는 타
고나는 것이 아니라 길러진다"
는 것을 진석이와 우리 부부가
입증한 셈이다.

어릴 때부터 아이들이 꿈꿀 수 있는 현장을 눈과 마음 안에 담아주기 위해 여름이면 함께 여행을 떠났다. 진석이가 16세 때, 사우스 다코타 주 러시마운틴에서.

2002년 새해, 온 가족이 함께 한복을 입고.

막내 손자 진구의 백일 기념으
로 큰아들네 손주들과 함께.

2001년 크리스마스 때, 두 며느
리의 결혼을 앞두고. 큰며느리
에이미(오른쪽)는 현재 산부인
과 의사로, 작은며느리 리즈(왼
쪽)는 가정폭력법이 전문 분야
인 교수로 일하고 있다.

위싱턴 지역지인 『위싱토니언』
이 선정하는 '최고의 의사' 중
안과 부문에 뽑힌 큰아들 진석
이. 진석이는 아버지의 눈을 고
치겠다는 꿈을 품고 그 꿈을 이
뤄 훌륭한 안과의사가 되었다.

오바마 대통령과 에어포스원에서 회의중인 둘째아들 진영이(오른쪽 아래). 진영이는
2011년 대통령 선임법률고문이라는 최고의 요직에 발탁되었다.

2004년, 28년간의 교직생활을 마치며 공로상을 받았다.

국내외 장애인 권익 향상에 기여한 공로로 2012년 대한적십자사에서 적십자인도장을 수여받았다.

故 강영우- 석은옥 부부
적십자인도장 수여식

*Presentation of the ~~Red Cross~~ Order ~~of~~ Humanitarian Merit
to Mrs. ~~Eun~~ ~~Young~~ Sook ~~Lee~~ ~~Kang~~ ~~and,~~
posthumously, to ~~her~~ ~~husband~~ ~~Dr.~~ ~~Young~~ Woo Kang*

김영삼 대통령과 함께.

미국인 중국 선교사의 딸로 노벨문학상을 수상한 펄 벅 여
사(가운데)와, 미국인 선교사의 딸로 서울에서 태어난 자
퍼스 여사와 함께.

2011년 5월 한국을 방문했을 때. 우리 부부가 만난 지 만 50주년을 기념하면서.
그의 아내로 살아온 세월은 진정으로 기쁘고 보람차며 행복한 삶이었다.

해피 라이프

해피 라이프

나의 희망, 기쁨 그리고 사랑에 대한 이야기

석은옥 지음

문학동네

머리말

1961년 1월 20일 미국 제35대 대통령 존 F. 케네디는 대통령 취임식에서 유명한 연설을 했다.

"국가가 당신을 위해 무엇을 할 수 있는지 묻지 말고, 당신이 국가를 위해 무엇을 할 수 있는지를 물으십시오! 동료 세계 시민들이여, 미국이 이 세계를 위해 무엇을 할 수 있는지 묻지 말고, 당신들이 세계 평화를 위해 무엇을 할 수 있는지 물으십시오!"

그 당시 나는 서울대 사범대학 입시 낙방으로 자신감이 떨어져 있었다. 자긍심이 손상된 내게, 1961년 3월 숙명여대 영문과에 입학해 들은 케네디 대통령의 연설은 새로운 도전의식을 불러일으켰다. 게다가 5월 29일로 케네디 대통령과 생일이 같다는 사실에 무엇인가 말할 수 없는 친밀감을 느끼며, 이렇게 마냥 낙심하고 있는 대신 새로운 사명과 비전을 찾아야겠다는 각오가 생겼다.

내게 그 각오는 바로 '사랑에 대한 실천'이었다. 교회를 나가게 된 것은 열 살 때쯤, 친구의 권유로 따라갔다가 교회 선생님의 제안으로 크리스마스 때 천사의 춤을 춘 이후부터였다. 그때 나는 "예수님을 닮은 참다운 크리스천이 된다는 것은 곧 나의 이웃을 내 몸과 같이 사랑하는 것이다"라는 말씀에 큰 감명을 받았고, 그것이 곧 나의 사명이 되었다.

그러한 사명은 난생처음으로 맹인 중학생 소년을 만나게 해주었고, 그때부터 내 삶은 전적으로 하나님의 섭리와 인도하심을 따라 순종하게 되었다. 그것은 나를 지금 같은 축복 속에 있게 해준 열아홉 살, 아름다운 시작의 순간이기도 했다.

나는 맹인 중학생이었던 사람을 남편으로 맞아 두 아들을 키워내고, 이제 두 며느리와 어여쁜 손자들까지 둔 행복한 여성으로 살고 있다. 어렸을 때부터 품었던 '사랑을 실천하겠다'는 꿈도 내가 조직한 사회봉사단체인 '아름다운 여인들의 모임'을 통해 지금까지 지속적으로 실현하고 있다. 돌이켜보면 70년에 가까운 세월 동안 단 하루도 빠짐없이 나는 축복된 인생을 살아왔다. 그래서 나는 항상 이렇게 기도하곤 한다.

"주님 내 잔이 넘치나이다. 주님께서는 가장 약한 자, 부족한 자를 들어 쓰시어 하나님의 뜻을 이루시고 영광을 받으신다는 것을 믿습니다. 부족한 여종, 저를 선택하시어 도구로 사용하여주심을 감사드립니다. 이제 남은 삶을 더욱더 주님 따라 살게 하옵소서. 저의 몸찬양을 올려 드립니다.

이제 받은 바 은혜를 헤아려 감사드리며 저의 지난 삶 속에서 동행하여주시어 참행복을 찾은 지혜를 인생 후배 여성들과 나누게 하옵소서. 인생의 진정한 행복을 어디에서 찾을 수 있었는지 그들에게 말해줄 수 있게 하옵소서. 그리하여 꿈과 비전을 성취해가는 과정중에 당면하는 어려움을 지혜롭게 헤쳐나가려는 젊은 여성, 엄마 그리고 노년에 접어드는 여인 들에게 조금이나마 도움이 될 수 있도록 인도하여주옵소서."

오늘날까지 내 자리를 지킬 수 있도록 원동력이 되어주신 예수님, 나의 목자 되신 여호와 하나님과, 지난 50년 동안 한길을 향해 사랑하고 격려하면서 40여 년간 부부로 살아온 남편 강영우 박사와 내게 희망과 기쁨인 두 아들 진석이와 진영이, 두 며느리 에이미와 리즈, 그리고 노후에 할머니의 특권을 누리는 행복을 안겨주고 한국계 미국인의 새 희망으로 성장중인 네 명의 손주들에게 이 책을 바친다.

2011년 9월
석은옥

1부

내 인생의
'희망'과 '기쁨'

나는 무엇보다 두 아들이 화목한 가정에서 우리를 롤모델로 하여 좋은 것만을 본받으며 자라나기를 바랐다. 두 아들을 기르는 일이 늘 탄탄대로는 아니었지만, 단단히 뿌리 내린 행복하고 건전한 가정에서 자라난 아이들은 역경을 헤쳐 나가는 과정에서도 다른 아이들과는 차별된 모습을 보여주리라. 두 아이의 가슴에 꿈을 심어주고, 그 꿈이 이루어지기까지 많은 시간이 걸렸지만, 그런 매 순간순간이 우리 부부에게는 행복이고 기쁨이었다.

내. 삶.의.
첫.번.째.
행.운.

금지옥엽, 부모의 사랑을 독차지한 딸

"여보, 당신 오늘 너무 예쁜데?"

"그래요? 당신도 오늘 너무 멋져요."

그에게 나는 항상 세상에서 가장 아름다운 여인이었다. 그는 내게 언제나 "당신은 너무나 아름다워요"라고 말했지만 실은 그는 앞을 볼 수 없는, 맹인이었다. 외동딸로 귀여움을 독차지하며 자란 내가 장애인과 사랑에 빠지다니…… 그를 만나기 전까지는 한 번도 생각해본 적 없는 일이었다.

1942년 5월 29일 서울, 일본 체육전문대학을 나와 한국에서 체육 교사를 한 아버지와 농협에 근무한 어머니 사이에서 무남독녀로 태어난 나는 부모님의 사랑을 독차지하며 자랐다. 당신이 하시는 일에 대한 사명감이 투철하셨던 아버지는 기계체조 기구를 개발하는 일에 헌신하셨다. 아버지의 집안이 원래부터 부유했던 터라 나 또한 어릴 때부터 유복한 환경에서 성장하며 또래의 아이들보다 많은 것을 누렸다.

아버지는 천성적으로 인정이 많으셔서 어려운 학생들의 학비도 대주셨고, 6·25전쟁이 터진 뒤 대문 앞에 거지가 서성이면 꼭 음식을 덜어 가져다주라고 하셨다. 그러면서도 아름다운 정원을 손수 가꾸시고 직접 닭장을 만드시는 등 자상한 모습도 보여주셨다. 어머니는 독학으로 일본어를 터득할 만큼 똑똑하신 분이셨고, 이웃사랑이 누구보다 강하셨기에 늘 아버지와 함께 6·25전쟁이 끝나 힘든 상황에 놓인 많은 사람들을 돕는 데 앞장섰다. 또한 아버지는 내게 권선징악의 의미가 담긴 동화책을 많이 읽어주시면서 고운 마음씨를 가지라고 가르쳐주셨는데, 그것이 지금 내 삶에 많은 영향을 미친 것 같다.

그런 부모님을 보면서 자랐기에 자연스레 나보다 힘든 사람을 돕고자 하는 마음이 싹텄다. 반드시 착한 일을 하고 남을 도우며 살아야 한다고 하셨던 아버지의 말씀을 잘 따랐고, 성경에 나오는 "네 이웃을 네 몸과 같이 사랑해야 한다"는 착한 사마리아인의 이야기를 감명 깊게 들은 후에는 늘 그것을 실천하기 위해 애썼다.

: 실패의 경험이 새로운 길로 이어지다

내가 교회를 다니게 된 것은 우연한 기회 때문이었다. 아버지를 닮아 운동을 잘하던 나는 무용반 활동을 하고 있었는데, 크리스마스 때 교회에서 천사의 춤을 추라는 권유를 받았다. 이를 계기로 교회에 다니게 되었고, 중학교를 졸업하고 서울에 올라온 이후(당시 우리 가족은 6·25전쟁 때 피란을 떠나 전주를 거쳐 군산에서 6년을 살았다) 더욱 열심히 신앙생활을 하였다. 교사가 되겠다는 꿈을 품고 서울사대 부속고등학교에 진학해 공부도 열심히 하면서 교회의 여러 일을 맡아 점점 많은 시간을 교회에서 보냈다.

하지만 나는 서울대 사범대학에 지원했다가 떨어지고 말았다. 서울에서 혼자 자취하며 공부하긴 했지만 그래도 나 자신에게 무척 실망했다. 결국 한 해를 재수한 뒤, 막내 고모가 다녔던 숙명여대 영문과에 입학했다. 웬만한 일로는 기운이 빠지지 않는 나였지만 실망감은 쉽게 가시지 않았다. 그런데 낙심해서 입학한 그때, 나의 삶을 바꾼 하나의 연설이 내 귀와 눈에 들어왔다. 바로 케네디 대통령의 연설이었다.

"국가가 당신을 위해 무엇을 할 수 있는지 묻지 말고, 당신이 국가를 위해 무엇을 할 수 있는지를 물으십시오! 동료 세계 시민들이여, 미국이 이 세계를 위해 무엇을 할 수 있는지 묻지 말고, 당신들이 세계 평화를 위해 무엇을 할 수 있는지 물으십시오!"

그의 연설은 나에게 '평화'에 대한 새로운 마음과 생각 들을 불러일으켰다. 내 가슴은 이내 뜨거워졌다. 사범대학에 낙방한 후 과연 내가 가야 할 길이 무엇인지에 대한 고민으로 힘겨워하던 내게 그 연설은 커다란 힘이자 방향이 되어주었다.

중학교 때 친구들과 '청포도 클럽'이라는 작은 모임을 만들었는데, 마침 그 친구들이 모두 걸스카우트 지도자 훈련을 받고 있다는 사실을 알게 되었다. 그렇게 우연처럼 자연스럽게 그들과, 걸스카우트와 인연을 맺었고, 그것은 곧 하나님의 계획이자 곧 다가올 내 운명의 만남을 향한 시작이 되었다.

⦂ 내 마음 깊은 곳을 두드리는 한 소년을 만나다

걸스카우트에 가입해 활동하면서, 실명자(失明者)로 서울맹학교에 입학한 강영우 학생의 등록금을 내주는 특별 프로젝트가 진행 중이라는 사실을 알게 되었다.

'가난하다는 것만으로도 너무나 힘들 텐데, 앞까지 보이지 않는다니 얼마나 고통스러울까? 그 소년의 아픔을 함께 나누고 싶어.'

우리가 모금한 장학금을 강영우 학생이 받으러 오던 날, 나는 괜히 마음이 조급해졌다. 빨리 그를 만나 자연스레 친해지고 이런저런 이야기를 나누며 그의 아픔을 덜어주고 싶었기 때문이다. 하지만 그의 첫인상은 내가 상상했던 것보다 훨씬 밝고 건강했기에, 겉모습만 보면 전혀 맹인 같지 않았다.

프로그램을 진행하는 동안 강영우 학생은 조용히 앉아 우리의 이야기를 경청했고, 나는 그의 모습을 주의 깊게 관찰했다. 물론 그것은 이성으로서의 관심이 아니었다. 당시 그는 맹학교 중등부 1학년이었고, 나는 여대생이었으니까. 나중에 누나 역할을 하면서야 그가 병원에 있었던 시간, 또 방황했던 시간이 길어 나와 한 살 반밖에 차이가 나지 않는다는 사실을 알게 되었다. 사실 나이 차는 크게 중요하지 않았다. 모든 걸 떠나서 그를 만났을 때 내 마음 깊은 곳에서 왠지 모르게 그를 도와주고 싶다는 생각, 내가 가진 것을 나누어주고 싶다는 생각이 조금씩, 하지만 강하게 솟아올랐다.

장학금을 전달한 뒤 나는 그를 버스 정류장까지 데려다주겠다고 자청했고, 그곳으로 그를 안내하면서 조심스레 말을 건넸다.

"난 숙명여대 영문과 1학년 석경숙이라고 해요."

"네, 안녕하세요."

"언제부터 앞을 보지 못하게 됐는지 물어봐도 되나요?"

"중학교 때 축구공에 눈을 맞았어요. 아직 완전히 시력을 잃은 것은 아니어서, 누나 모습을 어렴풋하게나마 볼 수 있어요."

그는 살며시 미소를 지어 보였다. 아마 그것이 마지막이었을 것이다. 그가 나의 모습을 본 것은. 이후로 그는 내가 보는 세상과 내 모습을 다른 사람처럼 선명하게 볼 수는 없었지만, 보통 사람이 보지 못하는 많은 것들을 볼 수 있었다. 미래에 대한 비전을 내다보는 눈, 사람의 마음을 읽을 줄 아는 눈이 그에게는 있었다. 헬렌 켈러도 "이 세상에서 가장 불쌍한 사람은 맹인이나 농아가 아닌, '육안'은 있으되 '비전'이 없는 사람이다"라고 말하지 않았던가.

그렇게 그를 만났다. 수많은 아픔의 시간을 지나왔고, 또 앞으로도 지나야 할 한 소년에게 내가 지팡이가 되어줄 수 있다면 나는 기꺼이 그렇게 하겠다고 생각했다. 그때는 그것이 이성간의 사랑이라고 생각하지 않았지만, 그 소년은 그렇게 조심스럽게 나의 마음을 두드렸다.

나는 강영우라는 소년과 더욱 친해졌다. 그가 오는 날을 기다렸고, 그도 나와의 만남을 반가워했다. 대학에서는 전보다 더욱 열심히 공부했고, 앞으로 내가 해야 할 일이 무엇인지 더 구체적으로 발견하기 위해 노력했다. 소년도 마찬가지였다. 그는 원래가 총명한 학생이었고, 앞이 보이지 않는 그 눈에서는 따뜻하고 밝은 빛이 났다.

서울맹학교를 졸업한 그는 비장애인도 들어가기 힘들다는 연세대에 우수한 성적으로 입학했다. 재학중에도 여섯 학기 동안 수석 장학금을 받으면서 장애를 극복하고 훌륭하게 학업을 마쳤다. 매사에 차분하고 지치지 않았던 그는 명확한 비전을 가지고 있었고, 자신의 꿈에 다가가는 방법을 정확하게 알고 있었으며, 그것을 향해 가는 데 결코 주저하지 않았다.

그가 대학에 입학하기 바로 전해에 나는 미국 펜실베이니아 주 정부의 초청으로 시각장애 교사 자격을 받기 위해 유학을 떠났다. 그곳에서 1년간 직접 보고 배운 미국 시각장애인들의 삶을 매일매일 그에게 전해주었다. 그것은 그에게 장차 미국에서 공부하고 싶다는 꿈을 갖게 했고, 내가 유학중에 만난 사람들은 훗날 그의 바람이 현실이 되는 데 큰 도움을 주었다.

그런 시간을 보내는 동안, 나는 그에게 많은 것을 배웠다. 내게는 그에게 없는 밝은 시력이 있었지만 그는 내게 없는 삶에 대한 통찰력, 그리고 비전을 향한 추진력을 갖고 있었다. 그것은 그의 강한 매력이었다. 하지만 나는 그때까지만 해도 봉사자로서 그를 돕고 있었고, 누나로서 그를 무척 사랑했다. 언제든 그를 도와줄 준비가 되어 있었고 그런 내 모습은 전혀 이상하지 않은, 자연스러운 것이었다.

: "누나, 나와 결혼해주세요."

1968년, 그의 예고 없는 사랑 고백에 나는 많이 놀랐다. 그의 청혼을 받자 '금지옥엽으로 사랑받으며 자란 내가 맹인과 결혼하겠다고 하면 정말 많은 사람이 놀랄 텐데……' 하는 생각에 두렵기도 하고 망설여지기도 했지만, 한편으로는 희생적인 사랑을 실천하고자 하는 내게 그는 하나님이 보내주신 사람일지 모른다는 생각도 들었다. 하지만 그때 이미 내 나이는 만 스물여섯 살이었고, 그가 졸업할 때까지 3년이나 더 기다려야 했다. 지금은 그 나이에 결혼하는 것이 전혀 이상하지 않지만, 당시 스물아홉 살이라는 나이는 결혼하기에 무척 늦은 편이었다.

"앞으로 30년 동안 누나와 내가 어떻게 살아야 할지 생각해보고, 누나의 새 이름을 지어왔어요. '석은옥', 이것이 누나의 새 이름이에요. '석(石)'이란 하나님의 계획 안에서 우리가 만나 하나가 되기 위해 10년 동안은 맨발로 돌밭을 걸어가듯 보내야 하는 고난과 역경의 시간을 뜻해요. 그리고 '은(銀)'이란 결혼해서 행복한 가정을 만들고 우리가 함께 세운 꿈을 향해 노력하고 준비하는 시간을 말하고요. 마지막으로 '옥(玉)'이란 하나님께 영광을 돌리고 사회를 위해 봉사하는 기간이에요. 누나, 그 시간들을 나와 함께해주지 않겠어요?"

또렷하고 차분한 그의 목소리는 '결혼해달라'는 갑작스러운 이야기에 당황해하는 내 마음속에 강하고도 분명한 빛으로 파고들었다. '석의 시대'와 '은의 시대'를 지나 '옥의 시대'가 오면, 행복한 가정 위에서 타인과 세상을 위해 봉사하리라 다짐했던 나의 꿈도 반드시 이루어져 있으리란 확신이 든 것이다.

금지옥엽 예쁜 무남독녀. 사람들은 나보다 나이도 어리고 장애인에다 고아에 두 동생까지 있는 그와 결혼하는 것을 보고 손가락

질을 하게 될지도 몰랐다. '왜 저런 선택을 했을까?' 하며 의아해 하거나 '절대 안 된다'고 말릴지도 모를 일이었다. 하지만 그것은 하나님의 뜻이었고, 내 마음에는 이미 그러한 하나님의 섭리가 와 닿아 있었다. 그리고 그날 이후 지금까지 그 마음에는 단 한 번의 변화도 없었고, 후회한 적 또한 없었다.

우리는 1972년, 기독교 회관 강당에서 결혼식을 올렸다. 그의 고백에 망설이던 4년 전 내 모습과는 달리, 시종일관 내 얼굴에는 웃음이 번져 있었다. 그리고 그렇게 행복에 가득 찬 내 모습을 본 사람들은 진심으로 축복해주었다. 그 축복의 한가운데에서 나는 다짐했다.

'이제 나는 그의 영원한 지팡이가 될 거야. 그가 가는 곳이 어디든, 눈이 없어도 앞을 훤히 볼 수 있도록 내가 그의 가장 밝고 환한 눈이 되어줄 거야.'

나의 마음은 이미 오래전부터 소년 강영우의 마음에 담겨 있었고, 우리는 그 마음을 소중하게 간직한 채 따뜻하고 행복한, 그리고 꿈이 가득한 결혼생활을 향해 힘찬 발걸음을 내디뎠다.

맹인 소년의 아내가 되어

석은옥. 앞서 이야기했듯 이는 나의 본명이 아니라 남편이 프러

포즈할 때 우리의 새로운 비전과 목표를 담아 지어준 이름이다. 이름 석 자를 각각 10년씩 나누어, '석의 시대' 10년이 끝날 때 결혼식을 하고 유학을 떠나, '은의 시대' 10년 동안 행복한 가정에 주신 자녀를 하나님의 방법대로 성공적으로 양육하며, '옥의 시대' 10년 동안에는 받은 바 은혜에 감사하고 하나님께 영광을 돌리며 더 좋은 세상을 만들어가는 꿈을 실현하겠다는 의지가 담긴, 우리에게는 인생의 비전이라고도 할 수 있는 이름이었다.

우리는 정확히 '석의 시대' 10년이 끝나는 해인 1972년 2월 26일, 종로 2가 기독교 회관에서 축복된 결혼식을 올림으로써 정식으로 부부가 되었고, 그의 말처럼 '은의 시대'를 함께 시작했다. 후일 우리 부부의 책 『어둠을 비추는 한 쌍의 촛불』을 읽은 김태균 전 경기대 교수는 캐나다한국일보에 우리의 결혼에 대해 다음과 같은 글을 기고했다.

『어둠을 비추는 한 쌍의 촛불』을 사서 버스 안에서 읽으려 하니, 첫 페이지 사진이 나의 마음을 슬프게 했다. 아주 아리따운 여대생이 중학교 교복을 입은 맹인 남학생과 나란히 서서 찍은 사진인데 후일 이들이 부부가 되었다는 것이다. 그녀의 부모는 얼마나 속이 상했을까 싶어, 제2부 '석은옥 편'을 먼저 읽었다.

"나에게 맹인인 남편을 섬기면서 어떻게 행복하게 살 수 있느냐고 묻는 이들이 있다. 그러한 질문에 나는 주저하지 않고 '나는 이 세상에서 가장 행복한 아내 중 하나'라고 대답하곤 한다. 그러면 남편의 사회적, 학문적 지위 때문이냐고 되묻는 이들도 있다. 아니다. 그것은 결코 아니다. 그가 맹인이라는 것이 내가 행복한 아내가 되지 못하는 조건이 될 수 없듯이, 그가 사회로부터 받는 존경이 나를 행복한 아내로 만드는 조건이 되지 않는다. 나는 강영우라는 한 인간, 더욱 좁게는 한 남성을 사랑하여 결혼한 것이지 맹인과 결혼한 것이 아니다."

나는 이 대목을 읽고 나의 걱정이 기우임을 깨달지만, 이 말은 아무나 할 수 있는 말이 아니라는 것도 깨달았다. 한 인간, 좁게는 한 남성과 결혼했지 맹인과 결혼한 것이 아니라는 말은 맹인에 대한 편견이 없다는 말, 즉 맹인이나 정안인(눈이 정상적인 사람)이나 하나님의 형상대로 지음을 받은 인간은 모두 동등하다는 뜻이기에 나는 감명을 받고 두 분의 결혼을 축하했다.

그의 이야기처럼 '내가 과연 맹인인 남편과 결혼하여 행복한 가정을 꾸릴 수 있을까' 하는 걱정은 기우였다. 나는 말 그대로 함박웃음을 지으며, 세상에서 가장 사랑하는 남편 강영우와 함께 '은의 시대'를 시작했다.

희.망.을. 품.고.
태.평.양.을.
건.너.다.

: 너무나 설레고 기뻤던 임신 소식

장애인인 남편과 결혼하는 것에 대한 우려를 뒤로한 채, 나는
"결혼식 내내 그토록 활짝 웃는 신부는 처음 본다"는 소릴 들으며
결혼에 골인했다. 신혼살림을 차린 지 4개월이 되던 해, 임신 징후
가 느껴졌다. 서른이 다 되어 결혼을 한 터라 '결혼해도 임신이 되
지 않으면 어쩌지?' 하고 내심 걱정했는데, 임신 징후가 나타나니
너무 기뻐서 하루라도 빨리 병원에 가 확인을 하고 싶어졌다.

"여보, 여보! 아무래도 임신인 것 같아요. 빨리 병원에 같이 가
봐요!"

나는 그의 손을 잡고 한달음에 성심병원으로 달려가 소변검사를 받았다.

"네, 임신이 맞습니다. 축하드립니다!"

나는 정말 뛸 듯이 기뻤다. 우리 부부는 얼싸안고 하나님이 주신 첫아이라는 선물을 감사히 받았다. 남자아이와 여자아이 어느 쪽 이든 모두 감사했지만, 그래도 진주 강씨 가문에 들어와 아이를 갖 게 되었으니 웬만하면 첫아이는 아들이었으면 좋겠다고 생각했다. 물론 그보다 더욱 간절히 바란 것은 뱃속의 아이가 편안한 환경에 서 건강하게 태어나는 것이었다.

난생처음 해보는 임신, 그것은 생각만큼 쉽지 않았다. 입덧도 심 해서 임신 초기에는 무척 고생했지만 드디어 '엄마'가 된다는 생각 에 힘든 것도 얼마든지 버텨낼 수 있었다. 새 생명을 잉태해 그 설 렘에 이루 말할 수 없이 행복했던 나는 아직 부르지도 않은 배를 어루만지며 날마다 기도하고, 또 기도했다. 그리고 임신 2개월쯤 되던 때, 드디어 남편의 정규 유학 수속이 끝나면서 우리는 기회의 나라 미국으로 떠나게 되었다.

:꿈을 안고 떠난 유학길

우리 부부가 유학을 떠난 1972년만 해도 대한민국은 빈곤국 중

하나였고 외화 부족으로 1인당 100달러까지만 가지고 나갈 수 있었다. 뿐만 아니라 유학생 부부의 동시 출국도 허용되지 않았다. 그러나 우리는 남편이 맹인이라는 점이 고려되어 부부가 100달러씩 총 200달러를 소지하는 것뿐 아니라, 함께 출국하는 것까지도 허가받았다.

주변 사람들은 남편이 맹인이라는 사실이 내 삶에 큰 장애물이 되지 않을까 걱정했지만, 내겐 이미 그것은 아무런 문제도 되지 않았다. 우리에게는 가정과 미래를 향한 꿈이 있으니 그 모든 고생을 사랑으로 감당할 수 있다는 자신이 있었다. 임신한 몸으로 맹인 남편을 돌보며 어려운 형편까지 이겨내야 한다는 것이 현실의 장벽일 수는 있겠지만, 그 모든 것을 뛰어넘겠다는 강한 다짐 또한 생겼다.

유학을 떠나기까지의 과정은 결코 순조롭지 않았다. 장애는 당시 해외 유학의 결격 사유였던 터라, 남편이 한국 최초의 정식 장애인 유학생이 되기까지 무려 6개월이나 걸렸다. 그때 겪은 마음고생을 생각하면 지금도 가끔 뭔가가 울컥 치밀어 오르곤 한다.

다행히 남편이 유학가는 피츠버그 대학의 9월 학기 개강을 1주일 정도 앞둔 시점에서, 한미재단 총재와 연세대 총장이 공동으로 제안한 청원서에 민관식 문교부장관이 서명해 미국 유학행의 가장 큰 장벽을 무너뜨리고 출국할 수 있었다. 비행기를 타는 순간 남편은 담담해 보였지만, 나는 6개월 동안 가슴 졸여왔던 터라 그 모든 과정에 대한 힘듦보다도 감사함으로 충만했다.

그동안 남편의 학비와 생활비를 지원해준 양부모님이 로스앤젤레스에 살고 계셨기에 우리는 먼저 그곳에서 1주일을 보냈다. 그후 나는 남편을 피츠버그 대학 강의실로 안내했다. 내가 가진 온 힘을 다해 그가 공부를 마칠 수 있도록 도울 작정이었다. 그리고 곧 한 명의 가족이 더 생기니 엄마로서의 사명을 다하기 위해서도 더욱 노력해야 했다.

남편이 수업을 잘 들을 수 있도록 강의실로 안내하는 일은 태교에도 무척 도움이 되었다. 나는 남편을 강의실에 데려다주고 곧바로 도서관에 가서 다음 수업시간에 필요한 책을 읽어 녹음했다. 뱃속에서 아이도 그 소리를 다 들었을 테니 함께 공부한 셈이었다. 그렇지 않아도 대학에서 초등교육을 전공했던 터라 그런 식의 책 읽기가 태교에 좋다는 것을 알고 있었고, 그렇기에 하루도 그 일을 게을리하지 않았다. 또한 매일 아침 몸과 마음을 정결히 하고 찬송과 기도로 하루를 시작했다.

˛우리 아들 '폴'을 위하여

점점 배가 불러오자 육체적으로 예전보다 지치는 날이 늘어났다. 불룩한 배를 하고 남편의 등하교를 돕는 내 모습을 본 동료 학생들은 '저 부부는 참 금실이 좋구나' 하고 생각했단다. 사실 그때까지 한국에서는 맹인이 지팡이로 혼자서 보행하는 법을 배우지 못했기 때문에 외출시에 늘 정안인에게 의존해야 했다. 그러니 그것은 남편을 위해 당연히 내가 해야 할 일이었지만, 몸이 점점 두 사람 몫을 감당해야 하니 때로는 고단하기도 했다.

한번은 여느 때처럼 남편이 강의실로 들어간 후 도서관에서 녹음을 하다 나도 모르게 잠이 들고 말았다. 얼마쯤 지났을까, 깜짝 놀라 눈을 떠 시계를 보니 이미 10분 전에 강의가 끝났을 시간이었다. 놀란 마음에 급히 강의실로 뛰어가 그를 불렀다.

"여보! 여보!"

텅 빈 강의실 저쪽에 남편은 혼자 앉아 있었다.

"미안해요, 여보!"

"대체 어딜 갔다 온 거야!"

나는 미안한 마음에 그에게 사과했지만, 버럭 화를 내는 그의 모습에 순간 너무 서운했다. 임신한 몸으로 한 번도 빠짐없이 그를 잘 돕고 있다고 생각했는데, 단 한 번의 실수를 가지고 이토록 화를 내니 나도 모르게 서운했던 것이다. 우리는 그날 미국생활을 시작한 이래 처음으로 부부싸움이란 것을 했다.

며칠 후, 남편은 내게 보행 훈련을 하겠다고 했다.

"이제 곧 태어날 폴(첫아이의 영어 이름은 Paul로 지었다. 이는 성경에 나오는 바울의 이름을 딴 것으로, 육신의 가시를 하나님의 은총으로 받아들인 사도 바울을 롤모델로 아빠가 장애를 극복하고 세상에 우뚝 섰다는 의미였다. 한국 이름 역시 바울처럼 진리의 초석이 되라는 바람을 담아 '진석眞石'이라 지었다)을 생각해서라도 보행 훈련을 하는 게 맞는 것 같아. 아기가 태어나면 당신 도움 없이 강의실을 다녀야 하는데, 그러려면 미리 준비를 해두는 게 좋겠어."

"힘들 텐데…… 괜찮겠어요?"

"보행 훈련을 받는다 해도 어차피 낯선 곳에 갈 때는 당신 도움을 받아야 하잖아. 익숙한 곳에 갈 때만큼은 당신 힘을 덜어주고 싶어 그러니, 그렇게 합시다."

그렇게 남편은 그동안 엄두를 못 내고 미뤄오던 결정을 내리고 보행 훈련을 시작했다.

가장 현명한 어미가 되기 위한 준비

38년 전 그 당시의 유학생활은 참 힘들었다. 남편이 수업료 전액을 장학금으로 지급받긴 했지만, 매월 생활비로 나오는 200달러 중 90달러를 아파트 월세로 내고 나머지 110달러로 세 식구가 살아야 했기 때문이다. 그나마 다행스럽게도 그때만 해도 미국 정부가 유학생에게 관대할 때라 저소득층 미국 국민에게 부여하는 일부 혜택을 함께 받을 수 있었다. 자동차 대신 손수레를 끌고 시장과 세탁소를 다니는 등 또순이처럼 억척스럽게 엄마와 아내 역할을 해내면서, 하나님이 내게 그럴 수 있는 건강을 주신 것에 감사하며 열심히 살았다.

미국에는 '베이비 샤워(baby shower)'라고 해서 아이가 태어나기 전에 친구와 친지 들이 모여 아기에게 필요한 것을 한꺼번에 선물해주는 풍습이 있다. 요즘은 한국에서도 종종 베이비 샤워를 한다고들 하던데, 당시에는 미국에서만 접할 수 있었던 것이라 무척 생소했다.

내게는 총 세 번의 베이비 샤워가 있었다. 한 번은 남편의 대학원 동기들이, 또 한 번은 당시 미국 성서공회 동부 지방을 담당하셨던 최찬영 목사님의 사모님께서 한인들을 모아서 열어주셨다. 내 나름대로 준비한 물건과 더불어 이 두 번의 베이비 샤워 덕분에 나는 첫아이가 태어나는 데 필요한 물건을 거의 갖출 수 있었다.

그래서 앨러게니 군의사 부인회에서 열어준 세번째 베이비 샤워에서는 선물 대신 현금을 받았고, 그 돈은 진석이 이름으로 만든 통장에 고스란히 저축했다. 이것을 종잣돈 삼아 아들의 교육만을 위한 비용을 마련하자는 생각이었는데, 우리 부부의 계획대로 통장의 잔고는 진석이가 초등학교부터 대학원을 마칠 때까지 꾸준히 불어나 훗날 그가 사립학교로 진학할 때 큰 도움이 되었다.

아기가 태어날 때를 대비한 준비를 하는 동시에 태교에도 힘썼다.

'하나님! 태어날 아기가 저와 남편의 좋은 점만을 닮아 누구보다 건강하고 영리한 아이로 자라나게 해주세요!'

어떤 부모나 마찬가지겠지만 이는 나의 간절한 소망이었다. 요즘은 초음파로 태아의 작은 움직임까지 모두 알 수 있다고 하지만 당시에는 그런 일은 상상도 할 수 없었다. 혹여 아이에게 해가 되지 않을까 음식 하나를 먹을 때에도 늘 신경 썼고, 남편의 강의를 돕기 위해 도서관에서 오랜 시간을 보내면서 태교에 필요한 책을 찾아 읽는 데 집중했다. 그곳에서 아동발달과 육아법 관련서, 위인전 등 수많은 양서를 읽었고, 내가 직접 듣는 소리로 아이가 좋은 영향을 받을 수 있도록 아름다운 음악이 담긴 테이프를 빌려와 조용히 감상하기도 했다.

대학 도서관뿐 아니라 근처에 위치한 카네기 박물관에도 수시로 들러 아이에게 유익하겠다 싶은 것들을 찾아서 보곤 했다. 박물관에 진열된 예술작품을 자세히 관찰하고 감상하면서 '아이가 태어나면 꼭 함께 와야겠다'고 생각하며 행복해했다. 시간이 날 때면 유아를 위한 텔레비전 교육 프로그램을 시청하며 태교를 했고, 미국에서 아이를 어떻게 지도할 것인지 미리 알아볼 수 있는 정말 값진 프로그램들도 일일이 챙겨봤다. 그런 프로그램을 시청하는 것이 아이에게 얼마나 큰 영향을 미칠지는 알 수 없었지만, 나는 그 시간이 그저 행복하고 감사하기만 했다. 이 모든 태교의 과정은 누가 가르쳐준 것이 아니었지만, 나는 이것이 누구보다 현명한 어미가 되기 위한 준비라는 것을 의심하지 않았다.

기다리던 산달이 드디어 다가왔다. 분만 후 산모와 아기에게 필요한 모든 물건이 마련되었음은 물론, 날마다 기도와 찬송 그리고 간접경험을 통해 충분한 태교를 마쳤고, 전문가로부터 보행 지도를 받은 남편이 내 도움 없이도 자유롭게 캠퍼스를 거니는 것이 가능해졌기에 '이제 모든 것이 완전히 준비되었구나' 싶어 내 몸과 마음은 한결 편안해졌다. 비록 출산의 고통이라는 힘겨운 과정이 한 번 더 남아 있었지만, 그것이 얼마나 크든 엄마가 된다는 신비롭고도 감사한 마음으로 충분히 감당해낼 수 있을 것 같았다.

나.의.
'희.망'.을.
처.음.
만.나.던. 날.

: 엄마가 되다!

"아직 산모의 진통이 시작되지 않았으니, 남편은 댁에서 기다리
시는 게 좋겠습니다."

의사 선생님의 말에 나는 덜컥 겁이 났다. 맹인인 남편을 누군가
의 도움 없이 병원에 혼자 두는 것보다는 그 편이 나았지만, 낯선
미국 땅에서 친척 하나 없이 나 혼자 분만실에 들어가야 한다는 사
실과 마주하니 두려워졌다. 하지만 그때에도 속으로 차분히 기도
했다.

'하나님 아버지…… 모든 것이 당신 손에 달렸으니 믿고 당신께

맡깁니다.'

기도를 하자 마음이 조금 차분해졌다. 남편은 집으로 돌아갔고, 나는 아기를 빨리 만나고 싶다는 마음으로 진통이 시작되길 기다리며 병원에 머물렀다.

그로부터 열 시간쯤 지난 뒤 시작된 진통은 그야말로 정신이 아찔할 정도의, 생전 처음 당해보는 고통이었다. 하지만 뱃속에 있던 아기가 "으앙!" 하고 울음을 터뜨리며 세상의 빛을 본 그 순간의 감격, "아들입니다"라는 의사 선생님의 말에 대한 기쁨이 너무나 컸기에 아픔은 까맣게 잊어버릴 수 있었다.

1973년 4월 23일 새벽 5시 45분. 그렇게 나는 엄마가 되었다. 오랜 진통을 겪고 아기가 태어났음에도 불구하고 마냥 기뻤다. "아기가 태어나는 날 어머니도 태어난다(Baby is born, mother is also born)"라는 말처럼, 그날 나는 어머니로 다시 태어났다. 낯선 곳에서 남편도 없이 건강한 아이를 낳았다는 사실에 스스로가 너무 대견했다.

뒤늦게 달려온 남편의 얼굴은 기쁨으로 가득했고, 아기를 볼 수는 없었지만 조심스레 안아 들고 좋아서 어쩔 줄을 몰라 했다. 그 모습을 보며 나는 또 한 번 감격했고, 흐르는 눈물을 감출 수가 없었다.

나중에 알게 됐지만 아기를 낳는 과정에서 자칫 내 목숨을 잃을 뻔했다고 한다. 담당 의사 선생님의 말에 의하면 아기가 예정보다 빨리 나오는 바람에 태반의 작은 조각이 자궁에 남아 있었단다. 그런데 처음엔 그것을 모르고 그냥 꿰매었다가 출혈이 너무 심해 다시 살펴보는 과정에서 그 태반 조각을 발견했고, 조치 후 다시 꿰맸다는 것이다.

"조금만 늦게 발견했더라면 정말 큰일날 뻔했습니다. 출혈이 심해 생명이 위태로울 뻔했어요"라는 의사 선생님의 말에, '정말 하나님이 나를 보호해주셨구나' 하는 생각에 감사를 올리는 동시에 내 아들 폴, 아니 진석이를 향한 하나님의 사랑을 또 한 번 확인할 수 있었다.

첫아이, 어떻게 양육해야 하지?

나는 이제 엄마가 되었다. 부모님이 내게 해주신 것처럼, 이제 내 아이를 누구보다 믿음 안에서 반듯하고 건강하게 길러낼 사명이 내게 부여되었다.

다행스럽게도 당시 계속 교육학을 전공하고 있었던 남편에게 자녀교육의 기본원리를 틈틈이 배웠는데, 그는 내게 에이브러햄 링컨을 훌륭한 인물로 양육해낸 좋은 엄마였던 낸시 링컨 여사를 롤모델로 삼는 것이 어떻겠느냐고 제안했다. 그 즉시 그녀에 관련된 책을 구입해 읽어보았다.

에이브러햄 링컨은 대통령이 된 후 "오늘날의 내가 있는 것은 모두 어머니의 은혜 덕분입니다. 어머니 덕분에 세상을 더 좋은 곳으로 만들겠다는 꿈을 품을 수 있었고, 어떠한 시련과 역경이 와도 그 꿈을 포기하지 않고 가꾸어 이뤄내는 법을 어머니에게 배웠기 때문입니다"라고 말한 바 있다. 낸시 여사는 링컨이 불과 아홉 살이었을 때 세상을 떠났다. 그러나 그 이전에 이미 그녀는 링컨에게 훗날 위대한 대통령이 될 수 있는 믿음과 가치관을 심어준 것이다. 실제로 발달심리학에서는 아이교육에서 '취학 전 교육'이 가장 중요하다고 강조한다. 특히 0~6세까지의 태도와 가치관 교육은 가정에서 부모와의 생활을 통해 배운다고 한다.

'나도 링컨의 어머니처럼 위대한 어머니가 되고 싶다'고 다짐하면서 하나님께 기도했다. 그녀는 신앙 안에서 '모든 인간은 존귀하고 평등하다'는 정신을 아들에게 심어주었을 뿐 아니라 모두가 평화로운 세상을 더불어 살아가는 것에 대한 비전과 꿈도 갖게 해주었다. 나도 그것을 내 아이에게 줄 수 있는 어머니가 되고 싶었다.

우리 부부는 '아이를 잘 기른다는 것'을 두고 진지하게 고민했다. 하루 세끼를 잘 먹이고 입히는 것 등의 기본적인 고민을 넘어, 이 낯선 미국 땅에서 어떻게 해야 아이를 잘 키울 수 있는가에 대한 것이었다. 남편과 함께 머리를 맞대어 생각하고, 참고서적도 많이 찾아보면서 그것을 하나둘 아이에게 적용해나갔다. 그 과정에서 당연히 시행착오도 따랐지만 다행스럽게도 우리는 점점, 조금씩 나은 부모가 되어갔다.

이렇게 노력하던 중 내 마음속에서 자녀양육에 대한 하나님의 음성이 들려왔다. '그 지혜를 먼저 성경에서 찾으라'는 것이었다. 하나님께서 선물로 주신 이 존귀한 생명을 여러 민족과 함께 살아가는 이 미국 땅에서 잘 자라게 하려면, '나는 하나님의 자녀'라는 정체성과 확신을 심어주는 것이 가장 큰 과제임을 나는 비로소 깨달았다. 그 후 첫아이뿐 아니라 훗날 태어난 둘째에게도 하나님의 말씀을 부지런히 가르쳤다. 앉아 있을 때나 걸을 때, 누워 있을 때나 일어날 때나 항상 말씀을 강론하며 들려주었고, 아이들 방에는 예수님 그림과 십계명, 성경 구절 등을 벽이나 책상 앞에 붙여놓음으로써 아이들이 자신은 하나님의 자녀라는 자긍심을 가질 수 있도록 노력했다.

유아기에는 모든 사물을 감각기관을 통해 배운다. 보고(시각), 듣고(청각), 만지면서(촉각) 말이다. 아이들은 〈미스터 로저스Mr. Rogers〉〈세서미 스트리트Sesame Street〉 같은 텔레비전 프로그램을 즐겨 봤는데, 이들 프로그램은 대부분 미국에는 다민족이 많이 모여 살고 있으니 서로의 다양성을 인정해주어야 한다는 내용이었다. 즉 한 사람 한 사람이 모두 존귀하므로 외모로 사람을 차별해선 안 되고, 서로 사랑하고 이해하며 용서하고 나누어야 한다고 했다. 또한 정리 정돈을 하고 규율을 지켜야 한다는 것 등 기독교 정신에 근거한 내용을 동요와 춤, 율동, 연극을 통해서 보여주었다.

이러한 프로그램은 아이의 가치관 형성에도 많은 영향을 미쳤다.

큰아이가 조금 자라면서부터 나는 다시 남편의 등교를 돕기 시작했고, 집에 돌아와서는 교육적인 게임이나 놀이를 아이와 함께했다. 그것은 아이의 지적 발달에 엄청난 도움이 되었고 아니나 다를까, 진석이는 남들보다 훨씬 더 빠른 성장을 보였다.

：아빠와 아들의 잊을 수 없는 시간

나는 내가 엄마로서 아들을 양육하는 것도 중요하지만, 무엇보다 아빠와 아들이 함께하는 시간을 가능한 한 많이 만들어줘야겠다고 생각했다. 당시 아이의 시청각 교육을 위해 일반 도서관에서 그림책을 녹음한 자료를 빌리곤 했는데, 그것 외에도 장애인 기관에서 만든 어린이용 음악이나 이야기 자료 들을 대여해서 남편과 진석이가 함께 들을 수 있도록 했다.

비록 남편이 아이가 어떻게 성장해가는지를 볼 수는 없었지만, 아이를 만지면서 그것을 느낄 수 있기를 바랐다. 때문에 아이를 목욕시킬 때 남편도 함께해 아이를 붙잡고 닦아주거나 안아주도록 했다. 또 우유병도 남편에게 주어 아이에게 직접 먹여보게 했고, 장난감도 남편 손에 쥐여주어 아들과 함께 그것을 가지고 놀 수 있도록 했다. 아이가 혼자 앉는 것이 가능해진 이후 남편이 아이와 함께 목욕하고 데리고 노는 등 더욱 적극적으로 참여할 수 있도록 도왔다. 아이가 걸음마를 시작했을 때에는 함께 밖에서 손을 잡고 걷는 법을 알려주는 등 가능하면 남편과 아들이 함께 뒹굴고 부대끼며 지낼 수 있도록 신경을 썼다.

"난 아직도 그때를 잊을 수가 없다오."

남편은 지금도 종종 그 무렵의 일을 되새기곤 한다. 말을 잘하지도, 알아듣지도 못하는 아기와 나눈 대화가 좋은 기억으로 남아 있다는 것이다. 그때 함께 놀며 아이에게 들려주었던 음악, 함께 했던 기도와 대화 등을 녹음한 것을 지금까지 보관하고 있는데, 남편은 그것을 다른 어떤 것보다 애지중지할 정도로 아이에 대한 사랑이 깊고도 애틋했다. 처음 아빠가 된 자신에게는 선물과도 같은 것이었기 때문이리라.

그러던 어느 날 밤, 여느 날처럼 아이가 잠들기 전에 동화책을 읽어주다가 문득 좋은 아이디어가 떠올랐다.

"여보, 불을 끄고 책을 읽어주는 것도 좋을 것 같은데, 점자책을 구해서 당신이 직접 아이에게 읽어주면 어때요?"

그렇게 해서 남편은 밤마다 불을 끄고 점자를 짚어가며 조용한 목소리로 진석이에게 책을 읽어주었다. 그런 아빠의 책 읽는 소리가 어린 자식에게 깊은 감명을 주었던지 훗날 진석이가 하버드 대학에 지원하며 작성했던 에세이의 제목도 「어둠 속에서 아버지가 읽어주신 이야기들」이었다. 이는 시험관들에게 큰 감동을 주어 합격에 적잖은 도움이 되었다고 한다. 이후로도 그 에세이는 많은 이들의 공감을 얻었다.

⊗ 어둠 속에서 아버지가 읽어주신 이야기들

내 방은 많은 장난감으로 어질려져 있었다. 마치 건축중인 공사장 같았다. 레고로 만든 빌딩과 자동차가 여기저기 흩어져 있었고 블록으로 만든 탑은 색칠책 옆에 자랑스럽게 우뚝 서 있었다. 오늘도 바쁜 하루였다.

"이제 잘 시간이다"라는 아버지의 말씀을 듣는 순간 내 방의 불이 꺼졌다. 무질서하게 어질려진 장난감들을 용케 피해 침대를 찾아갔다. 침대에 자리를 잡고 누워 양손으로 목 아래를 받치고 어둠 속에서 허공을 바라다보았다. 밤의 침묵이 나를 감싸주었다. 잠시 후 내 귀에 익숙한 소리가 들려와 침묵을 깨뜨렸다. 아버지의 부드러운 손이 점자책을 넘기는 소리였다. 다섯 살 된 조그만 몸은 포근하기만 한 세서미 스트리트 이불보 아래 편안히 자리 잡고 귀를 기울이기 시작했다.

잠시 후 부드러우면서도 최면사 같은 아버지의 책 읽는 음성이 나를 사로잡았다. 또박또박하고 부드럽게 읽어주시는 아버지의 이야기는 유치원이란 좁은 세계에서 사는 나를 멀고 먼 상상 속의 다른 세계로 데려가곤 했다. 그중에는 『거북과 토끼』『착한 사마리아인

이야기』도 있었다.

　내 상상은 자유로웠다. 간간이 들리는 아버지의 책장 넘기는 소리
가 방해될 뿐이었다. 상상의 날개를 펼치고 있노라면 나도 모르게
깊은 잠을 자게 된다. 이야기를 다 듣지 못한 채 잠이 들었다가 아침
에 깨면 오늘 밤 잠자리에서 다시 그 이야기를 듣겠지 하는 기대와
동경으로 하루를 시작했다.

　어느 날 아침, 나는 아버지의 점자책을 자세히 보았다. 나의 선명
한 상상의 뿌리인 그 책은 볼록볼록 튀어나온 점이 페이지를 채울
뿐 그림 한 장 없었다. 점자 페이지 위에 손을 얹어놓고 이리저리 더
듬어보며 아버지는 어떻게 그것을 읽으실까 생각해보았으나 상상이
되지 않았다. 그 순간 나는 이상한 발견을 했다. 그때까지 나는 아버
지가 앞을 보지 못하는 맹인이라고 생각해본 적이 없다는 것이었다.
아버지의 실명으로 내가 잃은 것이 없었기 때문이리라. 오히려 어둠
속에서 책을 읽어주실 수 있다는 이점 때문에 쉽게 잠들 수 있었을
뿐만 아니라 더 큰 상상의 날개를 펼칠 수 있었다. 방 안 여기저기
어질러진 장난감과 옷 들이 방해할 수 없는 어둠의 세계로 나를 데
리고 가 그 어둠 속에서 아버지와 나와 내 상상은 뗄 수 없는 동반자
가 된 것이다.

　어린 시절을 회상해보면 육안이 없이도 볼 수 있는 세계를 보여주
신 맹인 아버지를 가진 것이 얼마나 다행스런 일이었는가를 깨닫게
된다. 두 눈을 뜬 내가 두 눈을 보지 못하는 아버지를 안내하는 것이

아니라 맹인인 아버지가 정안인인 내 인생을 안내하신다는 사실을 알게 된 것이다.

이제 나도 성장하여 대학에 진학할 나이가 되어 많이 변했다. 그러나 그러한 세월 속에 변하지 않는 것이 있다. 아버지가 잠자리에서 읽어주신 이야기가 내게 미친 영향이다. 아마도 그 영향은 영원할 것이다. 그로 인해 내 상상의 세계는 넓어졌고 창의력은 계발되었으며 비전은 선명해졌다. 또한 잊을 수 없는 교훈도 얻었다. 인간의 가치는 외적 준거에 의해서만 판단되어서는 안 된다는 사실, 그리고 우리는 지극히 평범한 사람, 지극히 평범한 환경으로부터 귀중한 인생의 진리를 배울 수 있고 통찰력도 얻을 수 있다는 사실을 배우게 된 것이다.

우리 맹인 아버지는 외모로 보면 장애인처럼 보인다. 그러나 내게는 아버지가 장애인으로 보이지 않는다. 아버지는 내가 아는 누구보다도 더 능력이 있고 재능이 있는 분이라고 생각되기 때문이다. 뿐만 아니라 아버지는 인생을 살아가는 데 필요한 고귀한 교훈을 내게 가르쳐주셨는데, 그것은 아버지의 입장을 이해함으로써 터득할 수 있는 것이었다. 아버지 덕분에 나는 긍정적으로 세상을 보고 그것에 도전하며 편견과 차별이 없는 사회 건설에 기여할 의욕을 갖게 되었다.

나는 아버지처럼 어둠 속에서 책을 읽을 수는 없다. 그러나 아버지는 당신의 보이지 않는 눈을 통해 나에게 너무나 많은 것을 보여주셨다. 나의 상상력에 불을 붙여주셨고, 미래를 바라보고 비전을 갖게 하셨다. 그의 가르침으로 나는 오늘도 이 세상을, 나의 재능을 통해 이 세상을 더 좋은 세상으로 만들 수 있는 기회의 장으로 보게 되었다. 아버지의 부드러운 목소리를 들으며 잠자리에 들었던 나의 어린 시절은 물론 지금까지 아버지는 내게 어둠 속에서 빛을 보는 법을 가르쳐주셨고, 앞으로도 그러실 것이다.

내.안.에.서.
자.라.나.는.
기.쁨.

: 영리한 진석이

진석이는 생후 1개월쯤 되었을 무렵 유아 세례를 받았다. 그 후 날씨가 좋을 때마다 도서관이나 박물관에 데리고 다니며 바깥 구경을 시켰다. 남편이 다니던 피츠버그 대학 근처에 있던 박물관은 진석이의 놀이터 같았다. 진석이가 뱃속에 있을 때 '나중에 아기가 태어나면 꼭 함께 와야지'라고 생각했는데, 그것이 현실이 된 것이다. 그렇게 아이를 유모차에 태운 채 밖으로, 공원으로 데리고 다닌 것은 아이의 사회정서발달에 많은 도움이 되었다. 사람들은 눈이 똘망하게 생긴 진석이를 보고 귀엽다며 머리를 쓰다듬어주거나 말을 걸어주었다.

그래서였는지 진석이는 모든 것에 대한 흡수와 이해가 빨랐다. 한번은 숫자 1부터 10까지 적힌, 뒤에 자석이 붙어 있는 장난감이 선물로 들어왔다. 그것을 냉장고에 붙여놓고 진석이가 자주 읽게끔 유도했다. 뿐만 아니라 ABC 노래를 가르쳐 수시로 부르게 했고, 아이가 이해를 하든 못 하든 알파벳 글자판도 집 안 여기저기 붙여놓고 읽을 수 있도록 했다. 이렇게 매일같이 연습을 했더니, 한 살 반 때 벌써 알파벳을 다 기억하는 것이 아닌가!

"아이고, 우리 진석이, 어쩜 이렇게 잘할까?"

자꾸 칭찬을 하니 더 잘했다. 텔레비전에서 스페인어로 숫자 세기 노래가 나오자 그걸 금세 외워 따라 부르는가 하면, 한국어로 가르쳐준 숫자도 빠르게 배웠다. 미국 친구를 따라갔던 유대계 유아원에서 히브리어로 숫자 세기를 배우니 그것도 따라 했다. 이제 겨우 두 살인 아들이 4개 국어로 1부터 10까지 말할 수 있었던 것이다. 우리 부부는 그 모습을 보면서 "진석이가 정말 천재인가보다" 하며 얼마나 감격하고 기뻐했는지 모른다.

그런 아들을 지켜보는 내 가슴에서는 '진석이는 장차 큰사람이 될 거야!' 하는 꿈이 한껏 부풀어 올랐다. 대통령이라도 될 수 있을 듯, 진석이를 볼 때마다 대견스럽고 힘이 났다.

：킹 스미스 부부와의 축복된 만남

사실 그 무렵 우리의 생활 형편이 좋지 않았던 탓에 나는 이래저래 마음고생이 심했다. 남편이 내 도움 없이도 강의실에 갈 수 있게 되어 혼자만의 시간이 생기자, 남편과 함께 공부하던 미국 친구 집에서 그의 두 살 된 아들을 돌보게 되었다. 또 다른 지인도 가끔씩 자신의 세 살배기 딸을 하루 종일 봐달라고 요청해왔다. 그렇게 아이들을 돌보며 약간의 사례비를 받았다. 진석이를 그 아이들과 함께 어울리게 하니 발달과정에도 도움이 되었고 거액은 아니었지만 사례비로 진석이를 교육하는 데 필요한 물건들을 조금씩 마련할 수 있어서 나로서는 일거양득이었다.

더 큰 문제는 생활비였다. 그전까지는 국가에서 200달러를 지원받아 생계를 꾸려왔는데, 지원이 끊어지게 된 것이다.

'앞으로 1년을 더 버텨야 하는데 어쩌지……'

걱정이 앞섰지만, 걱정만 한다고 해결될 일은 아니었다. 나는 여느 때처럼 하나님께 기도를 드렸다. 나의 형편을 누구보다도 잘 아시는 하나님께서 분명 나를 도우시리라는 확신이 있었기 때문이다. 그렇게 기도하며 하루하루를 보내던 어느 날, 한 통의 전화가 걸려왔다.

"도움을 요청하고 싶어 전화드렸습니다. 저희가 얼마 전 한국 아이 둘(남매)을 입양했는데, 우리 딸아이가 말을 못 하네요. 통역도 필요하고 자문도 받고 싶습니다."

도움을 요청한 이들은 다섯 살짜리 여자아이와 네 살짜리 남자아이를 입양해 기르던 폭스 부부였다. 그 후 폭스 부부의 초대로 참석했던 입양자 가족 피크닉에서 우리는 킹 스미스 부부를 만나게 되었다. 킹 스미스 씨는 피츠버그의 한 강철 회사 변호사였고 그의 아내는 수학 교사로 재직중인 맹인이었다. 그 가족과 우리는 금세 친해질 수밖에 없었다. 우리는 남편이 맹인이었고, 그 가정은 아내가 맹인이었기에 장애를 가진 반려자와 평생을 함께하는 데서 생기는 여러 감정에 대해 쉽게 공감할 수 있었던 것이다.

나는 그들에게 우리의 힘든 사정을 자연스레 털어놓게 되었다. 이야기를 들은 그 부부는 우리에게 한 가지 제안을 했다.

"저희 집에서 함께 생활하면 어떠세요? 아이들도 한창 자라나는 때이고 하니 서로 어울리다 보면 도움도 많이 될 것 같고요. 마침 저희 집 3층에 방이 하나 비는데, 그곳에서 지내시면 될 것 같아요. 따로 돈은 안 내셔도 되니 우리가 외출할 때 아이들을 돌봐주시고 집안일만 좀 도와주세요. 그러면 괜찮겠지요?"

어려운 살림 때문에 그토록 기도했는데, 하나님께서 우리가 살 길을 열어주신 것이었다. 이러한 축복은 남편이 박사학위를 받을 때까지 불편함 없이 생활하는 데 큰 도움이 되었다. 남들은 날 두고 식모라고 부를지도 모르는 일이었지만 모든 것이 감사하고 행복했다. 살 곳이 해결되고, 진석이도 저보다 나이 많은 아이들과 어울리면서 여러 분야에서 발달이 촉진되었다. 그리고 그 집으로 들어간 지 6개월쯤 지났을 때, 나는 둘째를 임신하게 되었다.

:맹인 아빠와 함께한 큰아들의 육아

둘째가 생겼을 무렵, 나는 늘 행복했지만 육체적으로는 다소 지쳐 있었다. 첫째를 출산한 후 여러모로 피곤함이 이어졌던 탓에 천식과 알레르기 증세가 일어났고, 수돗물처럼 흐르는 콧물이 감당이 안 되어 약을 먹었는데, 그 약기운 때문에 잠은 또 잠대로 쏟아졌다.

그래도 남편 혼자 버스를 타고 학교에 가게 할 수는 없어서 남편이 등교할 때면 진석이와 함께 버스 정류장까지 걸어나가 남편을 태운 버스가 멀어지는 것을 보고서야 먼 거리를 걸어 집으로 돌아오곤 했다. 첫째가 그랬던 것처럼 둘째도 학교에 가는 아빠를 뱃속에서 자연스레 함께 배웅한 셈이었다.

큰아들 진석이는 워낙 총명해서 처음 보는 사람과도 친하게 잘 지내고, 성격도 명랑해서 모든 사람에게 칭찬을 받았다. 방향 감각도 좋아 아빠에게 큰 도움이 되었다. 보통 시장에 갈 때면 세 식구가 함께 길을 나섰는데, 장을 다 보고 돌아올 때면 진석이는 내 옆에서 걷고 남편은 짐을 들고 걸어오곤 했다. 그런데 진석이의 방향 감각이 어찌나 좋은지, 방향을 바꿔야 하는 지점이 되면 정확히 그것을 알려주어 우리 부부를 놀라게 했다.

하루는 장을 봐야 하는데도 컨디션이 좋지 않아 도저히 시장에 갈 수가 없었다. 당시 남편은 지팡이를 사용할 줄 알았기 때문에 진석이와 둘이서 다녀오게 해봐야겠다는 생각이 들었다. 우선 남편에게 집에서 시장까지의 거리와 방향, 몇 블록이 떨어져 있고, 길을 어떻게 건너야 하는지 등을 자세히 알려주었다. 우리가 살던 지역은 주택가라서 인도와 차도가 잘 구분되어 있었고, 도로가 직선으로 나 있는 데다 길 양쪽에 잔디가 깔려 있었기 때문에 앞을 볼 수 없는 사람이라도 정확하게 길을 이해할 수 있었다. 남편은 한 손에는 지팡이를 쥐고, 다른 한 손으로는 진석이의 고사리손을 쥐고 길을 나섰다.

얼마나 시간이 지났으려나. 모든 것을 하나님께서 도와주실 거라고 믿었지만 그래도 부자의 첫 나들이가 내심 걱정됐는데, 이제 두 살 반 된 아들이 기쁨이 가득한 얼굴로 뛰어 들어왔다.

"엄마, 엄마! 나 아빠랑 이렇게 잘 다녀왔어요! 길에서 만나는 사람마다 도와주고 절더러 기특하다고 칭찬해줘서 너무너무 즐거웠어요!"

남편이 아이와 함께 무사히 잘 다녀온 것에 대한 안도감과 진석이의 명석함에 대한 기쁨이 내 마음에 가득 찼다. 자신에게 주어진 임무를 멋지게 끝내고 돌아와 환하게 웃는 아이의 모습은, 정말 다른 무엇과도 바꿀 수 없는 행복이었다. 자부심이 꽉 차오른 진석이를 바라보며 뱃속에 있는 둘째도 분명 첫째만큼 명석하고 건강한 아이리라 믿어 의심치 않았다.

그때부터 부자의 나들이는 자연스러운 일이 되었고, 그 후로는 어린이 도서관에도 함께 갈 수 있게 되었다. 그렇게 맹인인 아빠와 함께, 다른 이들과는 조금 다른 외출을 하면서 진석이는 마음속에 하나의 꿈을 키워가고 있었다. 시력을 잃은 사람들의 고충을 덜어주고, 더 나아가 그것을 고칠 수 있는 안과의사가 되겠다는 꿈이 그것이었다.

⁞하나님이 주신 선물, 진영이

하루가 다르게 불러오는 배를 쓰다듬으며 뱃속의 둘째와 날마다 대화를 나누었다. 첫째를 품었을 때보다는 훨씬 노련해져서 마음도 편안해졌고 긴장감도 덜했다.

'하나님, 첫째는 아들을 주셨으니 둘째는 예쁜 딸이었으면 좋겠어요.'

진석이 덕분에 아들 키우는 재미를 알았으니, 둘째가 딸이라면 진석이를 키울 때와는 또 다른 즐거움이 있을 것 같아서 가끔씩 이런 작은 욕심을 부려보기도 했다. 원래부터 낙천적인 성격인 데다 신앙심까지 깊어 "여호와는 나의 목자시니 내게 부족함이 없으리로다"라는 말씀만으로도 마음이 평안해졌고, 그래서인지 힘겨운 현실에도 불구하고 둘째를 가졌다는 것을 알게 되자 이전보다 더 큰 기쁨이 넘쳤다.

첫째 진석이가 만 세 살이 되었고 나는 임신 7개월쯤이었던 1976년 4월 25일, 남편이 드디어 한국의 시각장애인으로서는 최초로 박사학위를 받게 되었다.

남편의 박사학위 수여식 날에 얽힌 재미있는 에피소드가 있다. 그날 진석이는 폭스 가족과 함께 식장에 앉아 있었다. 바로 전날 밤 집에서 남편이 박사 가운을 입는 것을 보았던 진석이는 식장에 도착해 수천 명이나 되는 사람이 모두 박사 가운을 입은 모습을 보고는 "와! 저렇게 많은 맹인들을 보세요!"라고 외쳤다고 한다. 맹인들만 그 가운을 입는다고 생각했던 모양이다.

남편이 타국에서 맹인의 몸으로 힘겹게 3년 7개월간 공부하고 열심히 노력해 명예로운 박사학위를 받았다는 것은 분명 기쁜 일이었다. 그러나 그럼에도 불구하고 한국에서의 취직이 잘 이루어지지 않아 우리 네 식구는 그 후로도 한동안 불안한 생활을 해야만 했다. 박사학위만 받으면 금의환향할 거라 생각했지만, 그것은 말처럼 쉬운 일이 아니었다.

그렇게 어려운 가운데서도 둘째 아이의 산달은 점점 가까워졌다. 몸이 무거워지자 이전처럼 킹 스미스 가족의 아이들을 돌봐주거나 집안일을 도와주기가 점점 힘들어졌다. 당시 우리 세 가족은 방 한 칸에서 지내고 있었는데, 둘째가 태어나면 그때는 어떻게 해야 할지도 고민스러웠다. 그런데 그때도 폭스 부부는 "우리 집 차고 하나를 개조해 방을 만들었으니 아이를 낳을 때까지 와서 살라"며 친정 식구처럼 나를 배려해주었다.

임신 기간 내내 둘째는 첫째보다 훨씬 수월하게 뱃속에서 잘 지내주었다. 그런데 정작 출산예정일이 코앞에 다가왔는데도 나올 기미 없이 계속 자라기만 해서, 하는 수 없이 6월 15일을 출산일로 잡고 수술을 해야 했다. 첫째에 이어 둘째도 아들이었다. 나는 마음 좋은 폭스 부부가 배려해준 공간에서 산후조리를 한 뒤 여러 사람이 건네준 출생 축하금으로 아파트로 이사할 수 있었다.

둘째 아들의 이름은 영어로 크리스토퍼(Christopher)라 지었다. 결혼 전에 미국 유학을 갔을 때 도와주시고 오랫동안 나를 친딸처럼 사랑해주셨던 크레이그 박사의 손자 이름이자, 미 대륙을 발견한 콜럼버스의 이름이기도 했다. 하지만 거기에는 이보다 더 엄청난 의미가 담겨 있었으니 'Christ Bearing', 즉 그리스도를 가슴에 품고 그리스도의 인내를 따른다는 뜻이 그것이었다. 그래서 '그리스도의 인내는 영원한 진리'라는 의미로 둘째의 한국 이름은 진영(眞永)이라고 지었다.

우리의 미국 이민생활이 본격적으로 시작된 것은 그 무렵부터였다. 여느 때보다 힘든 시기를 보내던 우리 부부에게 둘째는 더없이

고마운 선물이었다. '딸이었으면 좋겠다'고 바랐던 것도 까맣게 잊어버린 채, 세상의 빛을 보기 위해 건강하게 탄생한 아들에게 감사했다. 진영이를 본 남편도 너무나 기뻐했다.

진영이는 잘 자고 잘 먹었으며, 잘 보채지도 않는 매우 순한 아이였다. 당시 세 살이 막 지난 진석이가 형이자 큰아들로서 우리를 도와 진영이를 잘 보살펴주리라 믿었다. 네 식구가 되자, 나와 남편이 부부의 연을 맺고 진짜 '가족'이라는 울타리를 만들었다는 생각에 감격스러워 눈물이 났다.

'이제부터 시작이야!'

미국에 정착하기로 결심하고, 이제 두 아들을 어떻게 기르고 남편을 어떻게 내조할지에 대해 기도하기 시작했다. 모든 길은 하나님이 예비해두셨으리라 강하게 믿었지만, 그래도 나의 기도는 늘 끊임없었다.

'희.망'.이.
'기.쁨'.을.
만.났.을. 때.

: 두 살배기 아이와 콘택트렌즈

두 아들은 그야말로 착하고 예쁘게 자라났다. 어느 곳 하나 미운 곳이 없을 정도로 소중하고 귀한 두 아들을 주신 하나님께 날마다 감사가 넘치는 것은 당연했다.

그런데 다섯 살이 넘은 진석이를 공립학교 유치원에, 두 살배기 진영이를 탁아소에 보낼 무렵 이상한 일이 일어났다. 텔레비전을 보던 진영이가 '잘 보이지 않는다'며 그 앞에 바짝 다가가 앉는 일이 늘어난 것이다. 아무래도 걱정스러워 진영이를 데리고 안과에 가보기로 했다.

진영이를 진료한 의사의 말에 따르면, 진영이는 근시였는데 양쪽 눈의 시력이 현격히 차이가 났다. 의사는 "진영이처럼 선천적으로 근시로 태어나는 경우에는 여섯 살 이전에 안경이나 콘택트렌즈로 교정해줘야 한다"고 했다. 두 눈의 시력 차가 큰 경우, 시력이 강한 눈이 약한 눈을 억압해 여섯 살이 지나면 교정이 불가능하다고 했다. 그나마 다행스럽게도 아직 진영이는 두 살에 불과해 취학 전에 교정해주면 정상 시력을 가질 수 있었다.

하지만 이제 겨우 두 살인 어린 진영이가 과연 아침마다 콘택트렌즈를 눈에 끼고 저녁에는 빼는 일을 감당할 수 있을지 참으로 난감했다. 안경으로 교정하기에는 너무 어렸고, 그렇다고 교정 시작 시기를 늦추면 시각장애가 될 가능성도 있었다. 가슴이 찢어질 듯 아프면서도 아찔한 마음에 어떻게든 시도를 해봐야겠다 싶었다.

'하나님, 제발 도와주세요!'

간절히 기도하는 마음으로 차분하게 진영이에게 설명을 했다.

"사랑하는 우리 진영아, 네가 텔레비전을 잘 보려면 눈이 좋아져야 해. 지금 보이는 이 렌즈를 네 눈 속에 넣으면 거짓말처럼 앞이 잘 보인단다. 하나도 아프지 않고 무척 간단하니까 엄마랑 한번 넣어보자."

진영이는 어릴 때부터 성격이 온순해 늘 내게 기쁨을 주던 아이였다. 착하게 내 말을 듣던 진영이는 내가 렌즈를 눈에 넣어주는 동안에도 차분히 있었고, 렌즈를 착용하자 "엄마, 잘 보여요!" 하며 좋아했다. 정말 다행이었다!

그때부터 일이 또 하나 늘었다. 아침에는 진영이에게 렌즈를 넣어주고, 점심 때 낮잠을 잘 때는 달려가서 빼주고, 또 저녁에는 렌즈를 빼서 잘 세척해두었다가 아침에 다시 넣어주는 일을 반복했다.

가끔 진영이의 눈에 있던 렌즈가 빠지기라도 하면 마치 보물찾기를 하듯 방바닥을 손으로 훔치고 온 집 안을 샅샅이 훑어가며 그것을 찾아야 했다. 그럴 때면 가슴이 조마조마하고 신경이 날카로워졌다. 지금은 많이 보편화됐지만 당시는 렌즈가 처음 개발되었던 시기라 비쌌던 탓도 있었지만, 무엇보다 렌즈가 없어 불편해하는 진영이를 생각하면 마음이 타들어가는 듯했기 때문이다. 그래도 그렇게 몇 년이 지나자 진영이는 렌즈를 끼는 생활에 어느 정도 적응해갔다. 요즘은 보통 때는 안경을 쓰다가 중요한 모임에서는 렌즈를 착용하면서 불편함 없이 잘 생활하고 있다.

⦙정체성을 심어주기 위한 노력

경제적으로도 조금씩 안정되었고, 진석이가 초등학교에 들어가면서 우리는 학군이 좋다는 지역을 찾아 나섰다. 맹자의 어머니가 아이의 교육을 위해 이사를 한 것처럼, 나와 남편 역시 아이의 교육을 가장 우선으로 삼아 삶을 꾸려가겠다는 생각에는 변함이 없었다.

우리가 새 거주지로 정한 곳은 인디애나 주의 먼스터였다. 시카고와 인접해 있었고 교통이 편리해 옆 동네보다 집값이 훨씬 비쌌지만, 교육 수준은 인디애나 주 전체에서 세 손가락 안에 꼽히는 지역으로 한국 의사 가정만 수십 개가 넘었다.

우리는 복덕방을 이용하지 않고 신문에 주인이 직접 광고로 내놓은 집을 보러 갔다. 상류층 가정이 많이 모인 지역보다는 좀 오래된 곳이라 중산층 가정이 사는 지역 같았다. 그 골목에 있는 집은 대부분 이층집이고 서너 집만 단층집이었는데, 우리가 보러 간 집은 빨간 벽돌로 만들어 튼튼해 보이는 작은 집이었다. 미국에서는 집을 살 때 전체 집값의 10~15퍼센트 정도만 목돈으로 주고 나머지는 이자를 계산해 자신의 수입에 따라 매달 일정 금액씩 갚아 나가면 되기 때문에, 우리는 그곳으로 이사를 하기로 결정했다.

자, 이제 아이를 위해 학군이 좋은 곳으로 이사까지 했으니 정말 본격적인 양육을 시작해야 할 때였다. 무엇보다 아이들에게 '하나님의 자녀'라는 정체성을 심어주어야 한다고 생각했다. 그것이 곧 나의 임무이자 가정에서 엄마가 해야 할 역할이라고 생각했다. 그리고 그러한 양육의 지혜는 성경 속에서 찾았다.

물론 부부가 함께 자녀를 양육해야 하지만, 어머니와 아버지의 역할은 각자 조금씩 다르다. 아버지는 아이들의 기본적인 방향을 잡아주고 이끌어주며, 그들이 꿈을 키워가는 데 필요한 인맥을 찾아주고 꿈과 비전을 제시해줘야 한다. 그와 동시에 가정과 사회에서 아이들의 롤모델이 되어야 한다. 어머니는 항상 아이들을 따뜻한 사랑으로 감싸고 이해하고 품어주며, 그들이 꿈을 잘 펼쳐나갈 수 있도록 용기와 격려를 아끼지 않아야 하며, 링컨의 어머니가 그랬던 것처럼 포기하지 않는 믿음과 자신감을 갖게 해줘야 한다. 특히 아이가 초등학생이라면 자긍심을 가질 수 있도록 아이의 재능을 찾는 데 관심을 기울여야 한다.

아이들이 하나님의 자녀라는 정체성을 갖고 신앙 속에서 자신의 꿈을 키워나갈 수 있도록 우리 가족이 다닐 교회를 정하기로 했다. 하지만 그것은 의외로 쉽지 않은 일이었다. 우리가 살던 지역에는 한인 교회가 없었고, 시카고에 있는 한인 교회까지는 한 시간도 넘게 걸렸다. 어릴 때의 신앙교육은 교회에 자주 출석하는 것이 무척 중요한데 거리가 멀면 그럴 수 없으니 안 될 일이었다. 게다가 어린이를 위한 좋은 신앙교육 프로그램이 마련된 곳도 없어서 여간 고민스러운 것이 아니었다.

결국 꼭 한인 교회에서만 기독교 신앙을 기를 수 있는 것은 아니라고 생각하고, 집 근처에 있는 미국 장로교회를 선택했다. 그리고 두 아들을 매주 있는 주일학교와 수요일에 있는 어린이 찬양단에 참여하게 하는가 하면, 두 아이가 각각 다른 시간에 교회 활동에 참여하게 함으로써 독립심을 길러주었다.

교회 활동 외의 다른 활동도 아이들이 경험하게 했다. 미국에는 보이스카우트의 전 단계로 여덟 살부터 시작하는 '컵스카우트(Cub Scout)'라는 것이 있는데, 이는 하나님을 경외하는 훌륭한 시민을 양성하기 위한 단체다. 컵스카우트의 프로그램은 어릴 때부터 정직과 근면, 협동 정신을 가르치며, 예의 바르고 질서를 잘 지키는 참된 지도자로 자라는 데 도움을 주는 내용으로 구성되어 있다. 나는 진석이를 컵스카우트에서 활동하게 하고, 당시 여섯 살이었던 진영이는 '와이 인디언(Y Indian)', 즉 '어린 인디언'이라는 모임에 가입시켜 하나님을 섬기고 자연을 보호하며, 지혜로운 기술과 이웃을 사랑하는 마음을 배울 수 있도록 했다.

: 성장발달에 맞춘 신앙교육

나는 무엇보다 아이들이 신실한 신앙생활 속에서 자신의 정체성을 깨달으며 자라날 수 있게 하려고 힘썼다. '신앙교육'이란 무작정 아이를 교회에 보내고 여러 활동을 시키는 것, 혹은 '하나님을 잘 믿어야 한다' '교회에 꼬박꼬박 나가야 한다'는 것을 주입해 이루어지는 것이 아니다. 다른 교육도 그렇지만 신앙교육 또한 아이의 성장발달 단계에 맞추어 체계적으로 해나가야 한다. 만 열네 살 전의 아이들은 추상적인 하나님의 형상과 속성을 이해하기 어려다. 그러니 부모가 먼저 '하나님의 자녀'라는 정체성을 확립하고, 아이들의 롤모델이 되어주어야 한다. 가정에서 보고, 듣고, 배워서 신앙의 뿌리를 내릴 수 있도록 해야 한다는 말이다.

태도와 가치관은 배우는 것이다. 무엇보다 '긍정적인 태도'는 행동에 반영되고, 행동을 반복하다 보면 그것은 곧 습관이 되고 인격이 된다. 유대인이 크게 성공한 것은 여호와 하나님에 대한 신앙심과 자신들이 선택받은 민족이라고 믿는 자긍심 때문이다. 실제로 어릴 때부터 신앙교육이 이루어지면 아이가 비행청소년이 될 확률도 낮아지고, 도덕성이 높은 사람으로 성장하는 데 도움이 된다는 연구조사도 많다.

나는 내 아이들이 신앙 속에서 자라는 모습을 지켜보는 것만으로도 가슴이 벅찼고, 이런 믿음으로 하는 교육이 얼마나 중요한지 몸소 체험했다. 우리는 식사 때마다 기도했는데, 한번은 세 살 난 진석이에게 "오늘은 네가 기도할 차례야"라고 했더니 뜻밖에도 이렇게 기도하는 것이었다.

"하나님, 우리 아빠가 앞을 보게 해주세요."

그때까지 진석이에게 남편의 시력이 매우 나빠서 생활이 불편하다는 정도로만 이야기해두었는데, 진석이는 아빠가 앞을 완전히 보지 못한다는 사실을 알고는 혼자 마음 아파한 것이다. 그래서 나는 아이에게 말해주었다.

"아빠는 원래 눈이 좋으셨는데, 열다섯 살 때 친구들과 축구를 하다가 눈을 다치셨단다. 그때 아빠는 골키퍼였는데 날아오던 공에 맞아 그만 실명을 하신 거야. 그런데 그 당시 안과의사들이 치료를 잘못해서 눈을 고치기가 어려워졌어. 그러니 진석이가 열심히 공부해서 어른이 되어 아빠 눈을 고칠 수 있다면 정말 좋을 거야.”

나는 그때 어린 진석이의 반응을 아직도 잊을 수가 없다. 두 눈을 반짝이면서 내 말을 듣던 진석이는 영어로 말했다.

“I will do that. It's cool.(내가 아빠 눈을 고쳐줄게요. 그거 정말 멋지겠는데요.)”

그때부터 자신이 정말 하고 싶은 일을 마음에 담고, 진석이는 씩씩하게 자라났다. 아빠를 더욱 잘 돕고 듬직한 큰아들의 모습으로.

엄마의 희망, 엄마의 기쁨으로부터

두 아들은 생김새와 성격, 재능과 취미 등이 모두 다르다. 하지만 세 살 터울로 적당해서 그랬는지, 진석이는 동생을 잘 데리고 놀았고 진영이는 형을 자기 영웅처럼 잘 따랐다. 무엇보다 진영이는 형이 하는 것은 뭐든 따라 하려고 했다. 심지어 형이 입던 낡은 옷도 좋다고 입고 다닌 덕분에 새 옷을 사줄 필요도 별로 없었다.

두 아들은 전혀 다른 모습으로 자랐다. 진석이는 어린 시절부터 순발력이 필요한 스포츠에 재능을 보여 교내 야구, 농구 선수로 뽑혔던 반면, 진영이는 그런 면에서는 좀 떨어지는 것 같았다. 그래서 진영이에게 줄넘기를 시켜봤는데, 지구력이 강해 무엇이든 끝까지 해낸다는 것을 알아채고는 달리기를 시켰다. 결과적으로 진영이는 나중에 그 지역 내의 네 개 학교를 대상으로 열린 달리기 시합에서 우승까지 했고, 자신이 형보다 잘하는 것도 있다는 것을 깨닫고는 자긍심을 갖게 되었다. 성인이 된 지금도 진영이는 지역에서 열리는 26마일 마라톤에 종종 참가한다.

이렇게 서로 다른 두 아들에게 나는 각각 애칭을 달아주었다. 세 살 때 아버지처럼 앞을 못 보는 사람을 고쳐주겠다고 말한 진석이는 '엄마의 희망(You're my Hope)'으로, 마음이 온유하고 배려심과 인정이 많은 데다 학교 성적도 늘 우수했던 진영이는 '엄마의 기쁨(You're my Joy)'으로 불렀다. 이런 애칭을 붙여 그것을 자주 불러주자 아이들은 정말 그 모습대로 자라나는 것만 같았다. 후일 성장해서 떨어져 지내며 편지로 안부를 전할 때에도 두 아들은 마지막에 항상 '엄마의 희망으로부터(From your Hope)' '엄마의 기쁨으로부터(From your Joy)'라고 써주어서 나를 참으로 기쁘게 했다.

성격이나 재능은 다른 두 아이였지만 자긍심과 책임감을 길러주기 위해 나는 무엇이든 똑같이 분배했다. 가사를 돕는 것도 마찬가지였다. 청소, 설거지, 빨래, 아빠와 산책, 잔디 깎기, 페인트칠, 책상 조립, 바느질 등 각자에게 해야 할 일을 맡기고 열심히 하게 했다. 이런 것이 습관으로 길러지다 보니 결혼한 후에도 두 아들은 집안일을 잘 도왔고, 덕분에 며느리들이 "어머님께서 아들을 잘 키워주셨다"며 무척 고마워한다.

아이들이 초등학교 저학년 무렵에 자녀교육에서 가장 중점을 두었던 것은 '칭찬교육'이었다. 자녀가 부모의 말을 가장 잘 듣는 시기는 7~11세 무렵이라는데, 이때 무엇보다 중요한 것이 바로 '칭찬교육'이다. 부모는 이 시기에 칭찬을 통해서 아이들이 자긍심을 갖게 함과 동시에 근면 정신, 팀워크, 협동 정신, 준법 정신, 이웃을 사랑하는 마음을 길러주는 것이 좋다.

또한 '나는 소중한 존재'라는 생각을 갖게 해 아이가 위축되거나 열등감을 갖지 않도록 도와주어야 한다. 학교생활에서도 교사에게 인정받도록 자신이 맡은 일을 성실하고 책임감 있게 해내는 법을 알려줄 필요가 있다. 나는 실제로 아이들이 자원해서 여러 일들을 감당할 수 있도록 해주었고, 좋은 친구들과 어울리며 이웃 봉사를 실천할 수 있는 기회를 만들어주었다.

그때 나는 아이들에게 한글을 지도하는 동시에 영어로 잠언을 읽게 했다. 여름방학이면 아이들은 아침 일찍부터 테니스 연습을 했는데, 테니스 연습을 마치고 도서관이 문을 여는 오전 아홉시 전까지 잔디밭에 앉아 한영성경을 셋이 나누어 읽었다. 이때 성경을 함께 읽고 나눈 대화가 두 아들이 올바른 가치관을 지니는 데 도움이 되었다. 나중에 대학에 들어간 아들이 그것이 자신에게 얼마나 큰 도움이 되었는지를 이야기했을 때 나는 정말 기뻤다.

뿐만 아니었다. 나는 가능한 한 아이들이 책을 많이 읽고 그에 대해 이야기하게 하고 싶었다. 그래서 1주일마다 도서관에 가서 원하는 책을 빌려와 읽도록 했는데, 시간이 부족해 아이들이 빌려온 책을 미처 읽지 못했을 때에는 출근하기 전, 아이들 방에 들어가 목차만이라도 훑어보고 운전하며 이동하는 동안 대화를 시도하곤 했다. 아이들에게 '엄마는 우리와 대화가 통하는구나' 하는 생각을 심어주고 싶었기 때문이다. 그렇게 아이들은 자연스럽게 마음을 열었고, 함께 공유할 수 있는 것을 통해 항상 대화가 이루어져서 좋았다.

당시에 나는 아이들을 태우고 운전할 일이 매우 많았는데, 그때마다 카오디오로 늘 시카고 무디 기독교 방송을 들었다. 아이들에게 말씀과 찬양을 더 자주 듣는 분위기를 만들어주고 싶었기 때문이다. 한번은 큰아들이 다른 방송을 들어보자고 했지만 "엄마는 이 방송을 들으며 운전해야 마음이 편해지고 운전을 더 잘할 수 있단다"라고 말했다. 그 뒤로 아이들은 그 방송을 '엄마 방송국(Mommy Station)'이라 불렀다.

건강하게 잘 자란 두 아들에게 지금까지 무엇보다 감사한 것은 형제간의 우애가 매우 돈독하다는 것이다. 물론 이 부분에도 특별히 신경을 썼다. "너희 둘은 서로 경쟁하지 말고 사랑해야 한다. 이 세상에서 피를 나눈 형제는 너희 둘뿐이란다"라고 말하며 날마다 아이들에게 서로를 사랑하고 보듬어줘야 한다는 생각을 심어주었다.

아이가 둘 이상일 경우에는 절대 편애하는 모습을 보이면 안 되기 때문에, 무엇을 하든 둘을 똑같이 사랑한다는 것을 표현하기 위해 노력했다. 칭찬을 해줄 때에도 두 아이가 잘한 것을 똑같이 칭찬했고, 사진이나 상장, 그림 등도 둘의 것을 냉장고에 똑같이 붙여주었다.

혼을 낼 때에도 마찬가지여서, 개인의 자존심을 존중해서 각각 자기 방으로 데리고 가 타이르고 혼냈다. 고등학교에 다닐 때에는 두 아들이 떨어져 지냈는데, 그때에도 "형(혹은 동생)에게 전화해봤니? 너를 무척이나 그리워하더구나. 서로 잘 챙겨주고 사랑해야 한단다. 그것이 엄마를 기쁘게 해주는 거야"라고 전화로 말해주곤 했다.

나는 두 아들이 중학교 때까지 한방을 쓰게 하고, 침대도 이층 침대를 함께 사용하도록 했다. 둘이 같은 방을 사용해서 불편한 점도 있었지만 서로 양보하고 이해하며 친하게 지낼 수 있어서 좋았다. 그러한 것이 영향을 주었는지 두 아들은 지금까지도 늘 서로 사랑하고 우애 있게, 서로의 의견을 공유하며 다정하게 지낸다.

이러한 교육은 아이들이 큰 다툼 한 번 없이 돈독한 우애를 갖는 데 큰 바탕이 되었다. 성인이 되어 의학을 전공한 큰아들과 법학을 전공한 작은아들의 분야나 정치관은 매우 다르지만, 서로의 이야기에 귀 기울이고 대화하는 모습을 지켜볼 때면 그렇게 사랑스러울 수가 없다. 더없이 평안한 감사가 마음에 솟아오르는 것은 물론이다.

∶ 백문이 불여일견

아이들에게 삶의 중심이 되는 사고와 가치관이 자리 잡는 시기는 11∼15세 무렵이다. 이때 무엇보다 많은 독서를 통해 신앙의 선조나 역사적 인물 들을 만나게 해야 하고, 그것에 대한 자신의 의견을 정리해 이야기하게 함으로써 자신에 대한 신념을 갖도록 해주어야 한다. 훌륭한 사람이 되려면 훌륭한 사람들을 직접 만나보게 하거나 그 영향을 받게 하는 것이 가장 좋다. 하지만 그럴 수 없다면 책을 통해 간접적으로나마 그들의 사상과 신념, 신앙을 배우게 해줘야 한다.

'이 시기를 지나는 우리 두 아들에게 무엇을 해줄 수 있을까'를 늘 고민하다가, 매주 도서관에서 책을 빌려다 읽는 것도 중요하지만 역사적 현장을 찾아가보거나, 훌륭한 사람들을 직접 만나게 해주는 것도 좋을 것이라는 데 생각이 미쳤다. '백문이 불여일견'이라고, 아이들에게 꿈을 심어주려면 그 꿈을 꿀 수 있는 현장을 눈과 마음 안에 담아주어야 한다고 생각한 것이다. 그래서 우리 가족은 기차나 버스로 미국 동부의 역사적 도시들을 방문했다.

맨 처음으로 메인 주에 도착한 우리는 1620년 영국 청교도들이 미 대륙에 처음 도착했을 때 타고 왔던 배인 '메이플라워호'가 있는 매사추세츠 주의 플리머스로 향했다. 그곳에서 미국 역사의 출발과 발전과정을 배운 다음 보스턴에 들러 하버드 대학의 캠퍼스를 둘러보았다.

"이곳은 세계에서 가장 유명한 대학이란다. 열심히 공부한다면 너도 얼마든지 이곳에서 네 꿈을 키울 수 있어."

나는 두 아들에게 하버드 대학 설립자의 동상이 세워진 곳에서 사진을 찍게 하고, 이곳저곳을 둘러보면서 여러 가지를 설명해주었다. 우리는 이어 버스를 타고 필라델피아로 가 그곳의 여러 고적지를 둘러본 다음, 수도인 워싱턴도 견학했다.

그러다 눈으로 보고 직접 체험해야 할 것은 미국에만 있는 게 아니라는 생각이 들었다. 마침 당시 한국에서는 88올림픽이 열렸다. 나는 두 아들에게 자랑스러운 부모의 나라인 대한민국을 보여주고 싶었고, '너희는 한국인 2세'라는 정체성도 심어주기 위해 한국으로 향했다.

아이들에게 아버지의 고향을 보여주려고 경기도 양평군 서종면 문호리 마을과 서종 초등학교를 방문했다. 교실에 들어가니 옛날에 쓰던 나무 책상이 아직도 고스란히 남아 있었다.

"이곳은 아빠가 시력을 잃기 전에 뛰어놀던 곳이란다."

그곳 이외에도 경주, 제주도를 거쳐 강씨의 본관인 진주에 들러 시조인 강이식 장군과 강씨 가문의 역사를 들려주며 아이들에게 더없는 긍지를 심어주었다. 그런 후 나는 성경 말씀 두 구절을 읽어주었다.

여호와를 경외하는 것이 지식의 근본이거늘 미련한 자는 지혜와 훈계를 멸시하느니라. (잠언 1장 7절)

너는 마음을 다하여 여호와를 신뢰하고 네 명철을 의지하지 말라. 너는 범사에 그를 인정하라. 그리하면 네 길을 지도하시리라. 스스로 지혜롭게 여기지 말지어다. 여호와를 경외하며 악을 떠날지어다. (잠언 3장 5~7절)

꿈.을. 위.한.
바.탕.을.
준.비.하.다.

: 가정교육의 중요성

보통 '교육'이라고 하면 학교에서 받는 형식적인 교육을 중심으로 생각하는데, 사실 그보다 비형식적인 가정교육이 더 중요하다. 행복하고 건전한 자녀는 행복하고 건전한 가정에서 성장할 수 있기 때문이다. 그러한 가정을 만들어나가기 위해서는 어머니와 아버지가 각기 다른 역할을 맡아야 한다.

어머니는 가정에서 Heart, 즉 '심장'과 같은 역할을 해야 한다. 따뜻한 가슴으로 온 가족을 포용하고, 사랑하고 인내하며 용서해야 한다. 실제로 어머니가 남성인 아버지보다 이런 성향을 더 많이 갖고 있고, 이러한 역할을 더 잘해낸다는 연구 결과도 있다. 어머니가 심장이라면 아버지는 Head, 즉 '머리'의 역할을 담당해야 한다. 가정의 지침이 되는 가훈과 삶의 궁극적인 목적, 계획을 잘 세워주고 모범이 되어야 한다.

'아이는 그 가정의 거울'이라는 말처럼, 아이들은 가정에서의 부모의 생활 그 자체를 그대로 본받아 흉내내고 따라 한다. 특히 초등학생 자녀에게 최고의 교사는 바로 부모다. 근면하고 정직하며 법을 잘 지키는 부모, 이웃에 친절하고 서로 돕고 존중하는 부모의 모습을 보면서 자란 아이들은 훌륭한 사람이 된다.

부부가 살다 보면 본의 아니게 다툴 때도 있다. 하지만 어린 자녀가 있는 가정이라면 이럴 경우 다른 곳으로 자리를 옮겨야 한다. 부모가 다투는 모습을 본 자녀는 정서적으로 불안해지고 우울증에 걸릴 확률이 높아지기 때문이다. 이는 실제 연구 결과로도 나온 바 있다.

나는 무엇보다 두 아들이 화목한 가정에서 우리를 롤모델로 하여 좋은 것만을 본받으며 자라나기를 바랐다. 두 아들을 기르는 일이 늘 탄탄대로는 아니었지만, 단단히 뿌리 내린 행복하고 건전한 가정에서 자라난 아이들은 역경을 헤쳐 나가는 과정에서도 다른 아이들과는 차별된 모습을 보여주리라. 두 아이의 가슴에 꿈을 심어주고, 그 꿈이 이루어지기까지 많은 시간이 걸렸지만, 그런 매 순간순간이 우리 부부에게는 행복이고 기쁨이었다.

: 한국의 얼을 심어주다

나는 두 아들이 세 살이 될 때까지 집에서 주로 영어만 사용했다. 단어 수용 능력에는 한계가 있어 유아기에 두 가지 언어를 사용하면 혼란스러워진다는 연구 결과 때문이기도 했지만 다섯 살이 되어 유치원에 들어갔을 때 미국 아이들과의 대화에서 뒤처지지 않게 준비해줘야 했기 때문이었다. 그래서 텔레비전의 어린이 프로그램을 볼 때에도, 탁아소에 가서도, 교회에 가서도 영어를 사용하게 했다. 미국에서 태어난 한국 아이들에게는 그곳이 곧 생활 터전이기 때문에 일단은 영어를 모국어로 배우게 해야 한다. 그러나 부모의 나라인 한국의 문화나 습관에 대해서도 알아야 했기 때문에 영어로 그 모든 것을 설명해주었고, 아이들 또한 그것을 배우는 데 전혀 어려움이 없었다.

초등학교에 들어가면서 어린이용 한국어 교본을 구해 아이들에게 한국어를 가르치기 시작했다. 그때는 아이들이 두 언어를 명확하게 구별할 수 있는 시기였고, 오히려 새로 접하는 한국어에 대해 흥미를 갖고 잘 따라와주었다. 모음과 자음을 붙여 읽고 쓰게 하니 읽기는 금세 따라 했다. 그때 아이들을 가르치면서 한글이 얼마나 과학적인 언어인지를 처음으로 알게 되었다. 매일 하루에 한 시간 정도 한글을 가르치니 얼마 지나지 않아 비록 뜻은 정확히 몰라도 단어를 정확한 발음으로 읽는 것은 가능해졌다.

이후 한국의 초등학교 국어 교과서나 영어와 한글로 된 이야기 책을 구해서 꾸준히 아이들에게 읽혔다. 한국 아이들이라면 초등학교에 입학하기 전에 다 읽는다는 『흥부와 놀부』『콩쥐 팥쥐』『심청전』『견우와 직녀』 등을 영어로 먼저 읽혀 내용을 알게 한 다음 한글로 읽히니 내용도 금세 이해하고 한국어도 빨리 늘었다. 글 속에서 한국의 전통적인 가치도 배울 수 있어 일거양득이었다.

　이때 아이들에게 한국의 얼을 심어주기 위해 의도적으로 전통교육을 했다. 새해가 되면 어른들에게 세배를 시키고, 정월이면 가족 및 손님 들과 윷놀이를 했다. 팽이를 돌리고 제기를 차며 장기와 바둑도 두었다. 한국 고유의 명절이 오면 그것을 상징하는 음식을 준비해 명절에 담긴 의미를 되새기기도 했다.

　하지만 진석이와 진영이가 한인사회 내에서 한국인하고만 교류하며 성장하기는 원하지 않았다. 반대로 완벽한 미국인으로 자라 미국사회에 동화되기를 바란 것도 아니다. 우리는 거실에 태극기와 성조기를 함께 걸어두었는데 그것이 곧 우리가 진심으로 바라는 것을 상징했다. 즉 우리는 아이들이 한국계 미국인이라는 정체성을 확립하고 한국의 정신을 마음에 간직하고 성장해 미국이라는 주류사회에 완전히 통합되기를 바랐다. 그리고 우리 부부는 교육을 통해 이러한 소망이 이루어질 것이라 믿고 노력했다.

훈계도 교육이다

나는 아이들을 훈계할 때 '계약훈계(assertive discipline)'라 하여 미리 상과 벌을 정해놓았다. 이는 학교에서도 많이 사용하는 방법인데, 예를 들어 숙제를 안 하고 학교에 가거나 책은 읽지 않고 텔레비전만 보거나, 거짓말이나 나쁜 말을 하거나, 동생을 때리는 등 좋지 않은 행동을 하면 그에 상응하는 벌로 친구 생일 파티에 가지 못하게 하거나, 원하는 텔레비전 프로그램이나 영화를 못 보게 하는 등 아이가 가장 좋아하는 것을 못하게 하는 것이다. 이에 관한 내용을 글로 써서 냉장고에 붙여놓고 그것을 꼬박꼬박 지켰더니 아이들에게 큰 소리를 낼 필요가 없어졌고, 아이 자신도 그 벌을 받는 것이 당연하다고 여겨 쉽게 순종했다. 그것을 이해 못 할 정도로 어렸을 때는 구석에 가만히 앉아 있게 하는 벌을 줬었다. 하지만 체벌은 하지 않았다. 미국에서는 종아리 때리는 것이 금지되어 있었고, 만약 아이 몸에 상처가 나면 부모가 법적인 처벌을 받아야 했을뿐더러, 나 역시 체벌을 통한 훈육은 좋지 않다고 생각했기 때문이다.

훈계를 할 때에는 직접적인 가르침을 주기보다, "엄마 생각에는 네가 이렇게 하는 편이 좋을 것 같아. 너도 다시 한 번 생각해보렴" 하며 간접적으로 접근하는 것이 아이와의 마찰을 줄일 수 있다. 또한 일방적으로 혼내기보다는 아이를 존중하고 믿어주면서 "실패는 성공의 어머니란다. 그것을 밑거름으로 삼고, 절대 포기하지 말고 다시 도전해보거라"라고 말하며 "절대로, 절대로, 절대로 포기하지 마라(Never, never, never give up)"는 처칠의 명언을 꼭 되새겨주며 격려했다.

⠿스스로 꿈을 발견하길 바라며

우리는 두 아이가 어릴 때 유아 세례를 받도록 했다. 우리 부부가 기독교인이니 두 아들 역시 하나님의 자녀라는 정체성을 가짐과 동시에 그로써 축복받기를 원했기 때문이다. 대학에 보내기 전에는 나는 두 아들을 모두 'Confirmation Class(미국 장로교회에서 고등학교에 입학한 학생들에게 추상적인 존재인 하나님을 믿고 본인의 의지로 예수님을 자신의 구세주로 받아들인다는 서약을 하기 위한 준비과정)'에 보냈다.

우리가 다녔던 미국 교회에서는 고등학교 9학년, 즉 열다섯 살이 되면 이성적으로, 또 지적 능력으로 추상적인 존재인 하나님, 예수님을 스스로 자신의 구세주로 받아들일 수 있다고 여겼다. 그래서 1주일에 한 번씩 담임 목사님이 신약 4복음서를 가르치고 숙제를 주는 과정을 9주간 거친 후, 성인 예배 때 모든 성도들 앞에서 선서하는 예식을 치르게 했다. 그때 새 성경책을 선물로 주고 큰못으로 만든 십자가를 가죽띠로 묶어 목에 걸어주는데, 아이들은 지금도 그것을 차와 집에 걸어두고 있다.

그렇게 신앙생활을 강조하는 한편, 아이들이 더 구체적으로 자신의 꿈을 키워나갈 수 있게 하려고 애썼다. 때문에 아이들에게 독서를 통해 위대한 인물들을 만나게 하는 한편, 도서관에서 발견한 『직업 참고서Dictionary of Occupation』라는 책도 활용했다. 그 책에는 각 직업별로 대학에서 전공해야 하는 학문, 취업한 이후의 보수, 앞으로의 전망 등 직업을 선택하고 준비하는 데 필요한 정보가 매우 상세히 적혀 있어서 자신의 흥미와 능력에 맞추어 직업을 선택하는 데 아주 유용했다. 그 책을 참고로 아이들의 적성이 어떤 직업과 잘 맞는지를 파악하기 위해 노력했다. 아이들에게도 직간접적인 체험을 통해 자신의 달란트가 어디에 있는지를 스스로 발견할 수 있도록 도왔다.

또한 "기독교인들은 한 생명, 한 생명이 모두 존귀한 존재이며, 각자 다른 재능과 능력을 받고 태어났으니 그 은혜에 감사하며 최선을 다하는 삶을 살아야 한다"고 가르쳤다. 더불어 "다른 사람과 비교하지 말고 오직 너의 꿈이 무엇인지, 너의 적성과 능력이 무엇인지를 고려하는 것이 가장 중요해. 네가 진정으로 좋아하는 일이 무엇인지, 네가 가장 잘하는 일이 무엇인지를 잘 찾아보고, 그것을 통해 어디에 속해 있든 하나님의 나라를 건설하는 일꾼이 되는 것이 가장 바람직하단다" 라고 지속적으로 이야기해주었다.

그렇게 조금씩 아이들에게 꿈을 심어주기 위한 바탕을 만들어나갔다. 하나님의 자녀라는 정체성과 함께 긍정적인 태도, 절대 포기하지 않고 다시 도전하는 태도를 가질 수 있도록 도왔고, 직간접적인 여러 경험을 통해 스스로 꿈을 발견하고 선택할 수 있는 길을 열어주었다. 아이들의 변화에 민감하게 대처하면서, 나 역시 아이들을 항상 객관적으로 바라볼 수 있도록 성적표에 나타난 자료를 참고하면서 노력했다. 그리고 그 바탕에는 기도와, 끊이지 않는 감사가 항상 존재했다.

아.이.들.의.
가.슴.에.
꿈.을. 심.다.

: 진석이의 꿈

우리가 흔히 이야기하는 '교육'은 그 영역이 크게 지력(智力),
심력(心力), 체력(體力) 세 가지로 나뉜다. 내가 엄마로서 가장 중
시한 것이 바로 심력이었다. 심력이란 쉽게 말해 '마음의 태도'다.
어떤 태도로 공부하느냐에 따라 똑같이 공부를 해도 다른 결과가
나타난다. 옛날에는 지능지수(IQ), 즉 머리만 좋으면 성공한다고
여겼지만 요즘은 감정지수(EQ), 즉 마음의 상태가 좋고 수준이 높
아야 목표를 더 잘 달성할 수 있다는 것이 많은 연구 결과를 통해
입증되었다.

그 좋은 예가 바로 케네디 대통령이다. 그는 지능지수가 116으로 높은 편이 아니었지만 뛰어난 지구력과 높은 사명감이 있었기에 지금까지도 훌륭한 지도자로 존경받고 있다. 내 남편도 마찬가지다. 시력을 잃기 전까지 그는 성적이 보통이었던 평범한 학생이었지만, 시력을 잃은 후 인생의 새로운 가치와 사명을 깨닫고 공부에 대한 태도가 달라져 더욱 열심히 공부했고, 그만큼 능률도 올랐다.

큰아들 진석이는 146이라는 높은 지능지수를 가지고 태어났다. 하지만 초등학생 때부터 장난이 심하고 산만해서 성적은 늘 중간 수준에 머물렀다. 세 살 아래인 진영이는 일찌감치 영재학급에 배치되었던 반면, 진석이는 결국 중간 정도의 성적으로 초등학교를 졸업했다. 아버지가 여러 방법으로 이런저런 설명도 해주고 숙제도 도와주었으며, 아침시간을 더 효율적으로 활용하기 위해 내가 직접 차로 학교에 데려다주는 등 많은 노력을 했지만 모두 허사였다.

세 살 때 "커서 의사가 되어 아버지의 눈을 고쳐주겠다"는 꿈을 품었음에도 불구하고 점점 꿈을 이루기에는 자신이 턱없이 부족하다고 여겨졌는지, 하루는 "의사가 되려면 공부를 더 잘해야 하는데, 저는 아무래도 능력이 안 되나봐요. 진영이에게나 기대하세요" 하며 우는소리를 했다. 아무래도 자긍심에 커다란 손상을 입은 듯했다. 그보다 더 큰 문제는 자신감과 사명감이 없어졌다는 것이었다. 지력은 있으나 심력에 속하는 성취동기가 부족한 탓이었다.

하지만 나는 진석이의 장점을 잘 알고 있었다. 진석이는 외향적이고 사교적이며 리더십이 있어서 새로운 환경에 잘 적응했다. 나는 이러한 점을 잘 살려서 진석이가 공부에 흥미를 갖게 해줘야겠다고 생각했다.

진석이가 입학한 먼스터 중학교에는 여러 과외 활동이 있었는데, 그중에 '미래문제해결팀'이라는 것이 있었다. 저명한 창의성 연구가이자 교육가였던 폴 토런스 교수가 개발한 미래문제해결 프로그램은 학생들의 유창성, 융통성, 독창성, 정교성 계발을 돕는 창의력 프로그램이었다. 여기에 참여하는 학생들은 네 명씩 한 조를 이루어, 함께 참고서적을 읽고 주어진 문제의 해결법을 찾아내며 다른 팀과 겨뤄야 했다. 또한 각 팀마다 학부형 한 명이 자원해서 코치를 해줘야 했는데, 바로 이 지점에서 진석이는 큰 의욕을 보였다. 아빠가 항상 책을 많이 읽는다는 것을 알고 있었고, 여러 주제로 부자간에 다양한 대화를 많이 나누어왔던 터라 진석이는 아빠에게 코치 역할을 부탁하기로 결심했다.

"아빠! 아빠가 우리 미래문제해결팀의 코치를 해주시면 좋겠어요. 아빠가 야구 코치는 못해주시지만 책을 읽고 우리에게 주어진 문제를 해결해나가는 데 필요한 조언은 해주실 수 있잖아요. 제가 똑똑한 아이들 세 명으로 팀을 짜볼게요. 아빠가 코치를 해주신다면 우리 팀이 분명 이길 수 있을 거예요!"

진석이의 들뜬 모습에 남편은 흔쾌히 승낙했다. 나는 진석이가 같은 팀 아이들과 함께하는 모습을 사진으로 찍어주거나, 필요한 다른 것들을 챙겨주면서 도왔다.

진석이는 이 프로그램에 큰 흥미를 보였고, 열심히 책을 찾아보거나 필요한 아이디어를 궁리하며 문제 해결에 집중했다. 그렇게 열심히 한 결과 진석이네 팀은 지역 대회에서 1등을, 인디애나 주 대회에서 3등을 수상했고, 그와 동시에 진석이의 자신감과 성취감도 점차 고양되었다. 진석이는 거기서 멈추지 않고 수학팀에서도 활동하면서 뛰어난 성적으로 입상했다. 그렇게 자긍심을 회복하면서 어느 때보다 공부에 집중하자 이내 영재학급에 배치되었다. 또한 본래부터 워낙 밝고 명랑한 아이라 친구들 사이에서도 인기가 좋았다.

⋮ 명문 필립스 엑서터에 입학하다

달라진 진석이의 모습에 무척이나 기뻤지만, 우리 부부는 진석이가 좀더 큰 목표를 향해 도전할 수 있도록 미 동부의 몇몇 명문 사립 고등학교에 입학 신청서를 보냈다. 두 학교에서 허가서가 왔고, 진석이와 함께 해당 학교로 견학을 갔다. 아들과 의논하면서 이곳저곳을 둘러본 다음, 좀더 학구적이고 규율이 엄한 필립스 엑서터 아카데미로 진학하기로 결정했다.

그곳에 가려면 기숙사 생활을 해야 했는데, 나는 두 아들이 집을 떠나서도 잘 생활할 수 있도록 이미 훈련시켜온 터라 크게 걱정하지 않았다. 진석이의 경우에는 중학교 때부터 여름방학마다 근처 대학에서 하는 1~2주짜리 영재 프로그램에 참가시켰는데, 그중에서도 집에서 두 시간이 넘는 거리에 있는 기숙 프로그램을 선택해서 자립할 수 있는 힘을 습득할 수 있도록 해주었다. 그 경험 덕분에 진석이가 새로운 환경에도 잘 적응하는 아이라는 것을 알게 되었다. 그랬기에 고등학교를 기숙사에서 다녀야 한다는 사실에도 불안하지 않았다.

당시 우리가 살던 곳의 건너편 부촌에는 한인 의사 가족들이 살고 있었는데, 그들은 우리가 형편에 맞지 않게 엄청난 금액을 자녀 교육에 들이는 것을 보고 매우 놀라워했다. 사립학교를 다니려면 꽤 많은 비용이 드는데, 그리 풍족해 보이지 않는 우리가 아이를 사립학교에 진학시킨다는 것이 의외였던 모양이다. 하지만 우리 부부는 직장생활 첫 달부터 꾸준히 월급의 상당 부분을 아이들 교육비로 따로 떼어 저축해왔고, 아이들이 받는 장학금도 있었기에 큰 문제 없이 교육비를 충당할 수 있었다.

당시 나는 오직 자식을 교육하는 일에 대한 기쁨으로 충만해 있었다. 작은 집에서 연료가 적게 드는 차를 몰고 운동화만 신고 뛰어다녔지만 힘든 줄을 몰랐고, 중고 시장에서 옷을 사 입고 미용학교에 가서 머리를 해도 아이들만 바라보면 마냥 기뻤다.

나는 무엇보다 아이들에게 성경 안에서 '나는 누구인가'라는 정체성을 찾아주려고 노력했다. 그리고 두 아들에게 가르쳤다.

"존귀하신 하나님, 사랑의 하나님, 창조의 하나님, 용서의 하나님, 승리의 하나님, 평등의 하나님, 그것이 바로 하나님의 속성이란다. 너희는 그러한 하나님의 속성을 닮아, 생명을 주신 아버지를 기쁘게 하는 하나님의 자녀로 살아야 한다."

이러한 가르침은 아이들이 꿈을 결정하고 그 꿈을 향해 나아가는 데 정확한 지침이 되어주었다. 초등학교 시절 산만하고 그저 평범했던 진석이는 필립스 엑서터 아카데미에 입학해 자신만의 분명한 목적을 세운 뒤 그것을 향해 열심히 공부했다. 그리고 우리가 함께 견학했던 그곳, 하버드 대학에 입학했다.

대학생이 된 진석이가 어느 날 전화를 걸어왔다.

"어머니! 오늘 아주 작은 물고기를 해부했는데요, 가장 잘했다고 칭찬을 받았어요. 어린 시절 어머니가 손으로 조립하는 것을 가르쳐주셨고, 특별히 바느질도 가르쳐주셔서 손 기능이 발달된 것 같아요. 정말 감사합니다."

또 하루는 전화로 이런 이야기를 하기도 했다.

"어머니, 하버드에 다니는 학생들이 머리는 아주 우수한데 대부분 자유분방해서 정신을 똑바로 차리지 않으면 중심을 잡기가 힘든 것 같아요. 혼란스럽고, 자칫하면 유혹에 빠지기 쉬운 분위기거든요. 하지만 그럴 때마다 저는 어머니와 함께 초등학교, 중학교 때 읽었던 잠언을 다시 기억하고 읽으며 하나님의 자녀는 세상을 이길 수 있다는 믿음을 꼭 붙들고 있답니다. 어머니의 가르침에 감사하고, 또 감사해요."

10여 년 전, 품 안에서 함께 지내며 배운 소소한 것들 속에서 진석이는 나에 대한 감사를 발견하고 그것을 표현해준 것이다. 전화를 붙들고 있는 나의 눈에서 감격의 눈물이 흘러내렸다. 눈물을 닦으며 마음으로 감사의 기도를 드렸다.

'참 좋으신 하나님! 저를 여자로 태어나게 하시고 어미가 되는 축복을 주시며, 성경 속에서 자식을 양육하는 지혜를 찾을 수 있도록 도와주셔서 감사합니다.'

: 진영이의 꿈

나의 희망인 진석이가 어릴 적부터 활발하고 사교적이었다면, 나의 기쁨인 진영이는 유아기부터 온순하고 차분했다. 또한 어릴 때부터 영민했는데, 이런 에피소드가 있다.

진영이가 다녔던 탁아소에서는 오후 한시가 되면 아이들이 낮잠을 자도록 했는데, 두 살배기인 진영이는 정확히 그 시간만 되면 집에서도 침대로 걸어갔다. 나는 신기하기도 하고 기특하기도 해서 한번은 진영이에게 물었다.

"진영아, 너 지금이 낮잠 잘 시간이라는 걸 어떻게 알았니?"

그러자 진영이가 대답했다.

"작은 바늘이 1에 있고, 큰 바늘이 12에 있으니 잘 시간이잖아요, 엄마."

진영이는 어릴 적부터 책을 읽어주면 아주 좋아했고 글을 깨친 다음부터는 늘 옆구리에 책을 끼고 다녔다. 화장실에 갈 때 늘 책을 들고 가는 나를 금세 따라 해 습관이 되었는가 하면, 자기 전에 읽었던 책을 잘 때도 옆에 끼고 있어 그 모습이 하도 기특하고 예뻐 사진으로 찍어두기도 했다.

진석이는 잠도 적고 때로는 지나치게 활동적이어서 힘들었던 데 반해 진영이는 순하고 보채지도 않았다. 게다가 말도 느리게 배워서 처음에는 '진영이를 가졌을 때 복용한 알레르기와 천식 약 때문에 아이가 우둔해진 건 아닐까?' 하는 걱정도 들었다. 하지만 네 살이 되어 유치원에 들어가기도 전부터 책도 곧잘 읽고 간단한 덧셈 뺄셈도 했고, 초등학교에 들어가면서는 영재학급으로 배치되었다. 진영이가 다니던 초등학교에서는 한 학년 학생 중 25명을 뽑아 한 반을 특수영재반으로 만들고 지도했는데, 진영이가 그곳에 들어간 것이다.

성격이 차분하고 꼼꼼한 진영이는 무엇이든 깊이 파고들고 스스로 생각하기를 좋아했다. 진영이가 5학년이 되었을 때, 담임선생님이 아이들에게 "허구적 자서전을 써보라"는 특별 숙제를 내줬다. 자기 모습과 삶을 미리 상상해보고, 어떤 사람으로 성장하고 싶은지를 그려보라는 것이었다. 8주 동안 완성해야 하는 그 숙제에는 아래와 같이 간단명료한 몇 가지 지침이 있었다.

1. 65세에 은퇴하는 것으로 가정하고 취학 전, 초등학교, 중학교, 고등학교, 대학교, 성인의 생활로 나눌 것.
2. 인생의 궁극적 목적을 달성해가는 데 필요한 과정을 구체적으로 쓸 것.
3. 목적을 달성하는 과정에서 겪는 역경과 슬픔, 고난을 가상으로 만들어 쓸 것.

숙제를 받은 진영이는 아주 진지하게 고민하면서 방과 후에 도서관에서 많은 책을 찾아 읽어나갔다. 대학은 어디가 좋은지 알아보고 그곳에 직접 편지를 보내 정보를 받기도 했으며, 자신의 미국 이름 '크리스토퍼'와 한국 이름 '진영'에 어떤 의미가 있는지, 어린 시절 형과 어떤 에피소드가 있었는지 등 어린 시절의 이야기를 기억해내기 위해 나와 남편에게 이것저것을 묻기도 했다.

초등학교 시절에 대해서는 진영이 스스로 기억을 더듬어가며, 여름마다 다녔던 여행에 대한 글을 써나갔다. 그중에서도 강씨 가문의 역사를 찾기 위해 간 진주에서 본 강이식 장군 동상이 가장 인상 깊었다고 썼는데, 그것을 학교에 가서 자랑하자 큰 인기를 끌어 아이의 자긍심이 한껏 높아졌다.

　과거와 현재에 대해 썼으니, 이제 미래에 대해 쓸 차례였다. 65세가 될 때까지 어떤 과정을 거쳐 미래를 완성할 것인지, 진영이는 하나하나 골똘히 생각하면서 정리해나갔다. 어릴 적부터 다방면에 능력이 있었지만 특히 수학은 세 살 위인 형보다도 잘해 평소에도 과학자가 되겠다고 했고, 스탠퍼드 대학이 좋다고 하니 그곳에 진학하고 싶다고 한 진영이었다. 하지만 의외로 자서전에는 그것과는 전혀 다른 길을 그려 무척 놀랐다. 워드프로세서로 60여 페이지를 말끔하게 정리한 자서전에는 진영이가 행복한 가정을 꾸리고 대법관으로서의 인생이라는 장기적 목적을 달성해나가는 과정이 아주 자세히 묘사되어 있었다.

　그 자서전에 따르면, 진영이는 하버드 법대에 들어간 뒤 매주 금요일 저녁에 있는 한인 2세 교회 모임에서 교육학을 전공한 린다를 만나 사랑하게 되고 결혼까지 한다. 그 무렵 아버지는 세상을 떠나 자신은 대학 내에 저소득층 권익 보호를 위해 설치된 법적 보조 센터에서 아르바이트를 하며 난생처음 고생하게 된다. 형이 있지만 자신의 집에도 어머니 방을 만들고 어머니를 모셔와 손주들을 돌봐주시게 한다는 내용도 있었다. 인생을 마감하는 장면에서는 하버드 교육대학원 출신 교육자인 아내와의 사이에 2남 2녀를 둔 가장으로, 연방대법관 퇴직을 얼마 앞두고 자서전을 집필하던 중 마무리를 못 하고 심장마비로 세상을 떠난다고 하였다. 비문은

"최초의 동양계 미국인 연방대법관, 크리스토퍼 강 여기에 잠들다"였다.

진영이의 자서전은 우리 부부에게 큰 기쁨을 안겨주었다. 대법관이 되겠다는 큰 꿈도 기특했고, 맹랑한 듯 이야기를 늘어놓으면서도 구체적이고 명확하게 자신의 꿈을 그려가고 있는 듯해 가슴이 벅찼다. 지금까지도 문장에 소질이 있는 진영이는 아버지의 많은 주요 서신을 교정해준다. 무엇보다 진영이는 나를 좀더 많이 닮아 인정이 많고 따뜻해 마치 내겐 딸과 같고, 주위에는 늘 오랜 친구들이 많다.

그 엄마에 그 아들

두 아들이 중고등학생일 때, 당시 내가 지도하던 시각장애 학생들의 여름캠프에 아이들을 매번 데리고 가 자원봉사를 하게 했다. 자기 또래의 장애아들을 직접 돌보면서 많은 것을 느끼고, 시력이 있다는 것에 대해 감사할 수 있게 한 것이다. 다행히도 아이들은 그러한 감사뿐 아니라 엄마가 열성을 다해 학생들을 지도하는 모습에서도 감명을 느꼈던 것 같다. 진영이는 그것을 글로 쓰기도 해 그 일이 여러 면에서 많은 도움이 되었다는 것을 알 수 있었다.

중학교를 잘 마친 진영이는 그 무렵 진석이가 다니던 동부의 명문고 필립스 아카데미에 진학하고 싶다는 뜻을 보였다. 어릴 때부터 형을 잘 따랐고 늘 형을 영웅처럼 생각하는 등 진석이를 자신의 롤모델로 삼았던 진영이였기에 고등학교 또한 필립스 아카데미로 정했다. 그 대신 진석이가 다니는 필립스 엑서터가 아닌 필립스 앤도버로 가고 싶다고 했다. 필립스 아카데미는 두 곳인데 하나는 뉴햄프셔의 필립스 엑서터였고, 다른 하나는 보스턴 근교의 필립스 앤도버였다. "어차피 형과는 세 살 터울이라 학교에서 1년밖에 함께할 시간이 없고, 각기 다른 전통을 가진, 다른 지역의 필립스 아카데미에 입학해서 인맥을 넓히는 것이 나중에는 서로에게 더 유리하게 작용할 것"이 진영이가 필립스 앤도버를 택한 이유였다. 다행히 진영이는 조지 부시 대통령 삼부자를 비롯해 훌륭한 지도자를 많이 배출한 필립스 앤도버에 입학했다.

결과적으로 진영이의 판단은 옳았다. 진석이와 진영이가 각각 다른 필립스 아카데미를 다닌 덕분에 동문인 사회지도층 인사를 만나게 되는 빈도가 높아졌고, 이는 결과적으로 남편의 사회 활동에도 큰 도움이 되었다.

진영이의 선택 덕분에 후일 남편은 아버지 부시 대통령과 인연을 맺게 되었다. 1990년 10월 마지막 주일, 모든 학부형들을 학교로 초청해 자녀들의 학교생활을 설명해주는 날이었다. 그날 남편은 필립스 앤도버의 교장선생님과 인사를 하면서 자신이 쓴 『빛은 내 가슴에A Light In My Life』 영문판을 선물했다. 그랬더니 그분이

"이 책을 아버지 부시 대통령께 보여드리는 것이 어떻겠습니까? 그분이 앤도버 이사로 계시는데, 장애인민권법에도 관심이 많으시거든요"라고 하셨다.

우리는 집에 돌아와 즉시 책에 사인을 해 진영이가 필립스 앤도버에 다니고 있다는 서신과 함께 부시 대통령에게 책을 보냈다. 그랬더니 아주 친절한 답장이 왔고, 그때부터 맺은 인연으로 아들 부시가 대통령이 된 후, 남편은 대통령 직속기관인 국가장애위원회 위원 중 한 사람으로 임명받아 7년 동안 일했다.

진영이는 필립스 앤도버 입학과 동시에 기숙사 생활을 하게 되었는데, 예상보다 학교생활에 적응하는 데 어려움이 있는 듯해서 초기에는 조금 걱정했었다. 하지만 다행히 다음해부터는 곧잘 따라가 졸업반 첫 학기까지 성적이 좋았고, 하버드 대학에서 조기입학도 허락받았다. 단, 마지막 학기까지 계속 우수한 성적을 유지해야 한다는 조건이었다.

그 무렵 진영이는 친구들과 이웃 양로원에 큰 텔레비전을 들여놓겠다는 사명에 푹 빠져 있었다. 그 프로젝트의 추진과 후원금 모금을 위해 포스터를 만들고 준비하느라 마지막 학기 성적을 잘 관리하지 못했고, 애석하게도 하버드 대학의 조기입학은 취소되고 말았다. 이에 누구보다 가장 마음 아파한 사람은 남편이었다.

"대체 어떻게 된 거니? 네 미래가 걸린 문제인데 정말 분통이 터질 노릇이구나."

아버지의 큰 꾸지람에도 진영이는 담담히 대답했다.

"그 노인들이 작은 텔레비전 앞에 앉아 있는 모습이 너무 안타까웠어요. 그분들에게 텔레비전은 한시라도 빨리, 당장 필요한 것이었어요. 지금 그분들은 편안하게 텔레비전을 보고 계실 거예요. 저는 그것만으로도 충분히 행복합니다."

그 말을 듣는 순간 내 머릿속에는 나의 고3 시절이 떠올랐다. 서울대 사범대학 진학을 위해 아버지는 나를 서울사대 부속고등학교에 보내주셨다. 그런데 공교롭게도 그 무렵 집안 형편이 조금 어려워져 나는 초등학생 가정교사를 하면서 돈을 벌어야 했다. 하지만 그 와중에도 천호동 감리교회를 개척하는 데 발 벗고 나서서 직접 벽돌을 나르는가 하면, 유년주일학교 선생으로 활동하는 등 지역 봉사를 위해 모든 열정을 다 바쳤다. 그리고 진영이와 마찬가지로 결과적으로 대학 입시에 낙방하고 말았다.

'그 엄마에 그 아들이로구나. 피는 못 속인다더니……'

결국 진영이는 노벨상 수상자가 많기로 유명한 시카고 대학에 진학해 경제학과 정치학을 복수 전공했다. 하버드 대학 조기입학에 낙방한 것은 좌절할 만한 일이었으나, 시간이 지나자 그것은 아들에게 주어진 하나님의 더 큰 계획이었음을 알 수 있었다. 진영이의 더 큰 꿈을 현실로 이룰 수 있는 소중한 기회를, 하나님은 하나씩 마련해두고 계셨던 것이다.

가.슴.에.
품.은. 꿈.
현.실.이. 되.다.

ː 최고의 안과의사가 된 진석이

먼스터 중학교에서 항상 전교 1~2등을 다투던 진석이는 인디애나 주에서 열린 토론대회에서도 1등상을 받아 전국대회에 출전할 정도로 실력과 자신감을 갖췄다. 하지만 필립스 엑서터 아카데미는 미 전역은 물론 세계 45개국에서 선발한 내로라하는 학생들이 모인 곳이라, 처음에 진석이는 그 우수한 학생들 사이에 끼어 고전을 면치 못했다.

여름방학이면 대학에서 주최하는 영재교육 프로그램까지 받았던 진석이라 그곳에서도 처음부터 잘해낼 것이라 기대했는데, 첫 학기에 난생처음으로 C학점을 하나 받아 진석이 스스로도 무척 낙심했고 부모인 우리도 마음이 좋지 않았다. 다행히 1년 정도가 지나자 최고 우등생에 속하게 되었고, 리더십도 발휘해 친구들과 좋은 관계를 유지하며 지냈다. 진석이가 졸업하던 해 필립스 엑서터의 졸업생 300명 중 10퍼센트인 33명만이 하버드 대학에 진학했는데, 그중 하나가 진석이였다.

진석이는 공부뿐만 아니라 필립스 아카데미 방송반에서 DJ로도 활동했고, 운동이나 예술 방면에서 탁월한 재능을 발휘했다. 스탠퍼드 대학에서는 그해 입학지원자들에게 "만약 당신이 실제 인물이든 허구적인 인물이든 단 한 사람과 하루를 보낼 수 있다면, 그 하루를 어떻게 보내겠습니까?"라는 주제로 에세이를 쓰게 했다. 어렸을 적 미래문제해결팀에서 활약하며 기른 진석이의 창의력은 이 에세이에서도 빛을 발했다. 주제에 대한 진석이의 접근 자체가 신선했을 뿐만 아니라, 그 에세이를 통해 나는 진석이를 새로운 시선으로 보게 되었다.

※ 내가 만나보고 싶은 사람

스탠퍼드 대학 입학 에세이 제목은 "실제 인물이든 허구적 인물이든 누구와 함께 하루를 보낸다면, 누구와 보낼 것이며 어떻게 보낼 것인가"였다.

참 좋은 주제이긴 한데 스탠퍼드 대학 지원서를 바라보는 내 눈은 무거웠다. 나는 하품을 하며 "세상에는 내가 만나보고 싶은 사람이 무척이나 많은데……"라고 말했다. 두 눈을 지그시 감고 생각해보면 좋은 대상자가 떠오를지도 모르겠는데……

아차, 내가 지금 어디에 있는 것이지? 옥수수밭에, 옥수숫대로 둘러싸여 있는 것이 아닌가! 그 순간 야구방망이로 야구공을 세차게 때리는 소리를 들었다. 그러고 보니 최근에 읽은 책 한 권이 생각나는군. 옥수숫대 사이를 거닐면서 전설적인 야구 선수들이 옛 유니폼을 입고 아주 고급스런 글러브를 끼고 야구하는 모습을 지켜보는데 어디선가 무슨 소리가 들려와 산만해졌다.

"〈꿈의 구장The Field of Dream〉을 모르는구면."

한 남자가 나에게 악수를 청하며 말했다. 그의 머리카락은 흐트러져 한쪽으로 몰려 있고 그가 입은 티셔츠는, 반은 청바지 속에 들어가 있고 반은 나와 있었다. 믿기 어렵군. 레이 킨셀라(영화 〈꿈의 구장〉의 주인공)를 만나다니! 악수를 청하는 그의 손을 잡고 정열적으로 흔들면서 "케빈 코스트너 같으시네요"라고 말더듬이처럼 말을 이었다. "당신을 정말 만나뵙고 싶었어요."

그는 미소를 지으며 "내가 도와줄 일이라도 있니?"라고 물었다.

"당신에게 꿈에 대해 배우고 싶어요."

"좀더 구체적이어야지. 정확히 무엇을 알고 싶다는 말이니?" 레이가 되물었다.

"당신은 남들이 갖지 못한 독특한 꿈을 품고 그것을 향해 정진하셨어요. 그 꿈을 위해 친구와 재물, 생활방식을 모두 포기하셔야 했는데 어떻게 그 모든 장애를 극복하고 꿈을 성취하신 거죠? 아무도 당신의 비전을 믿지 않았고 미친 사람으로 간주했는데 당신은 자신이 미치지 않았다고 어떻게 확신할 수 있었죠? 그래도 아내만은 당신을 이해하고 지원해줬으니 다행이었어요. 요컨대 어디에서 그 큰 야망을 향해 달릴 용기가 생겼는지 알고 싶어요. 사회의 온갖 조소와 배척을 어떻게 극복하고 무슨 힘으로 승리하셨느냐는 말입니다. 당신의 생은 제게 깊은 감명을 주었는데……"

"애야, 천천히 한 번에 한 가지씩 질문해라. 네 인생의 목적과 꿈에 대해 먼저 들어보고 싶구나. 그러고저러고 간에 염려할 것 없다. 너는 이미 네 인생의 꿈을 향해 여기까지 달려왔으니 말이다. 자, 우리 야구 구경이나 하면서 이야기를 계속하자."

어떻게 돌아가고 있는 거야. 내가 꿈을 꾸고 있었잖아. 누구를 에세이 대상자로 선택할지 확실한 생각이 떠올랐다. 그때 한 목소리가 들렸다.

"네가 지금 생각하는 것을 쓰면 입학 허가서를 받게 될 것이다."

미국에서 의사가 되려면 대학 4년을 공부한 후 의과대학원에서 다시 4년을 공부해야 한다. 일부 의대에서는 대학과정을 2년에서 3년 속성으로 끝내게 하고 의과대학원 과정에 바로 진학하게 하는 영재 프로그램을 운영하고 있다. 진석이는 노스웨스턴 대학의 7년제 프로그램과 토머스 제퍼슨 의대의 6년제 프로그램에도 합격했지만 최종적으로는 하버드 대학을 선택했다.

사람들은 진석이를 보고 무척 놀랐다. 초등학교 시절의 절반을 영재가 아닌 평범한 학생으로 지냈던 진석이가 명문고인 필립스 엑서터 아카데미를 거쳐 하버드 대학에 진학한다고 하니 놀랄 만도 했다. "영재는 타고나는 것이 아니라 길러진다"는 것을 진석이와 우리 부부가 입증한 셈이었다.

우리 부부는 그때 '질 좋은 교육은 가장 좋은 투자다'라는 생각을 갖고 있었는데, 진석이의 진학을 통해 이러한 생각도 진리로 입증되었다. 사실, 여름방학 때 대학에서 열리는 영재교육을 받는 데는 엄청난 돈이 필요했다. 게다가 진석이는 먼스터 고등학교를 다니다 필립스 엑서터 아카데미로 전학했는데 그러려면 조그만 집에 살면서 그 뒷감당을 해야 했다. 사람들은 모두 그 형편에 어떻게 그렇게 공부를 시키느냐고 놀랐고 혹자는 사치나 낭비라고까지 말했다. 하지만 남편은 "재물을 유산으로 남겨주지는 못해도 아이들에게 질 좋은 교육만큼은 반드시 시키겠다"는 뚜렷한 목적과 소신을 가졌고, 나는 남편을 지지했기 때문에 주저 없이 아이들에 대한 투자를 아끼지 않았다.

하버드 대학 입학을 앞둔 진석이는 자신의 학창 시절을 되돌아보며 에세이를 썼는데, 거기에는 아버지에 대한 이야기가 많다. 턱

없이 능력이 부족한 자신이 너무 우수한 학생들 사이에서 낙심할 때마다 아버지는 "시간을 두고 열심히 하면 결국 따라갈 수 있을 것이다. 너는 얼마든지 초일류 대학에 입학할 수 있으니 절대 걱정하지 말거라"라고 이야기해주었고, 진석이는 그것이 현실로 입증되어 정말 기쁘고 감사하다고 썼다.

진석이는 누구보다도 바쁘게 대학생활을 보냈다. 하버드 대학을 다니는 4년 동안 진석이는 하버드 의대 부속 매사추세츠 안이과병원에서 교수들의 리서치 어시스턴트로서 연구를 돕고 수술과정을 견학했다. 2학년 여름방학 때는 싱가포르 안과연구센터에서 일하기도 했다. 하지만 진석이는 예전에 한국에서도 방영됐던 드라마 〈하버드 대학의 공부벌레들〉에 나오는, 할 줄 아는 것이 공부밖에 없는 학생이 아니었다. 기타를 즐겨 연주했고, 창의력을 발휘하기를 좋아했던 진석이는 드라마 클럽에서 활동하면서 뮤지컬에 출연하기도 했다.

하버드 대학은 매우 진보적인 곳이다. 많은 대학생들이 부모에게서 벗어나 처음으로 자유롭게 생활하면서 겪는 딜레마겠지만, 진석이도 그런 자유로운 환경에서 기독교 가치관을 유지하면서 생활하는 것이 쉽지만은 않았다고 했다. 다행히도 학생 때부터 남편을 후원해주셨던 맥닐 씨 부부가 매년 8월이면 진석이와 진영이를 데리고 CFO(Camp Far Out, 보수 정통 기독교 가치관을 추구하는 가족들의 캠프)를 다니셨다는 것이다. 지금도 진석이와 진영이는 CFO

에서 1주일을 보내면서 기독교 가치관으로 자신들을 무장해 각자의 학교에서 1년을 버텨낼 수 있었다고 말하곤 한다.

우수한 성적으로 하버드 대학을 졸업한 진석이는 바로 의대에 진학하지 않았다. 대학 졸업 후 1년 동안 모교인 필립스 엑서터에서 입학사정관으로 일하며 그곳에서 리더십을 길렀다. 수많은 지원자 중에서 인재를 골라내는 방법을 배운 진석이는, 글로벌 시대가 꼭 필요로 하는 인재가 되는 법을 스스로 터득해냈다.

진석이는 인디애나 대학교 의학전문대학원에 진학해 의학박사가 되기 위한 공부에 전념하면서도, 미국의사회에서 의학대학원 학생대표로 활동하며 지금의 아내인 에이미를 만나 사랑을 키워갔다. 의학전문대학원 졸업 후에는 듀크 대학 의학 센터에서 안과전문의 과정을 밟았고, 미국에서 가장 좋은 안과라는 유타 대학의 존 모런 안과 센터에서 전임과정을 거쳤다.

안과전문의가 될 때까지는 아버지의 눈을 고치겠다며 망막을 전공하겠다고 한 진석이었지만, 전문의 과정이 끝나자 전공 분야를 각막으로 바꾸겠다고 했다. 망막은 수술을 해도 완치 확률이 너무 낮기 때문에 안과의사들끼리 우스갯소리로 "망막을 전공하면 사는 게 막막해진다"고들 한다. 진석이는 앞을 보지 못했던 사람들이 수술을 받고 눈을 번쩍 떠야 자기도 힘이 나고 좋을 것이라면서 전공 분야를 바꾸었다. 막상 전공을 바꾼다고 하니 남편은 살짝 섭섭해하는 것 같기도 했지만, 지금은 그 누구보다 아들의 결심을 칭찬한다. "역시 미래를 내다보는 눈이 뛰어나다"며 아들의 선택을 자랑스러워하면서 말이다.

지금 진석이는 그 누구보다 학계에서 존경받는 실력자다. 백내장을 레이저로 수술할 수 있는 교수나 의사는 미국에 11명뿐인데, 그중 한 명이 바로 진석이다. 현재 진석이는 조지타운 대학 의대 안과의 조교수이자 워싱턴안과의사협회의 공동원장으로 활동하고 있다.

대학에서 사랑을 키워 진석이와 결혼한 에이미는 산부인과 의사인데, 진석이와 에이미 부부는 워싱턴 지역지인 『워싱토니언 *Washingtonian*』이 선정한 최고의 의사로 뽑혔다. 『워싱토니언』은 매년 수천 명의 의사들에게 37개 분야에 걸쳐 "당신의 가족에게 의사가 필요하다면 누구에게 보내겠습니까?"라는 설문조사를 한다. 아무래도 의사를 조사 대상으로 하다 보니 가장 실력 있고 신뢰할 수 있는 의사가 뽑히기 마련인데, 거기에 진석이 부부가 나란히 뽑힌 것이다. 진석이는 또 'Consumer Council(병원 방문 환자들을 대상으로 한 조사)'에서도 최고의 의사로 뽑혔다. 실력만이 아니라 환자와 아픔을 함께하려는 진석이의 태도와 마음가짐도 인정받은 셈이라 더욱 의미 있다 하겠다.

진석이는 최근에 워싱턴 수도권지역안과협회 회장을 역임했는데, 삼십대에 이 직책을 맡은 사람은 이 협회 역사상 진석이가 처음이라고 한다. 현재 진석이는 전미안과협회의 차기 임원으로 뽑혀 12명의 임원들과 함께 리더십 훈련을 받고 있다.

：백악관에 입성한 진영이

친구가 많고 사교적이었던 진석이에 반해, 일찍부터 영재학급에 들어간 진영이는 독서를 대단히 좋아하는 아이였다. 그런 진영이가 늘 대견했지만, 엄마 입장에서는 조금 걱정되기도 했다. 항상 책만 끼고 있으니 혹여 나중에 공부할 때 체력이 달리면 어쩌나 싶었던 탓이다. 체력도 심력만큼이나 중요하여 부모가 반드시 이 부분에도 신경을 써줘야 하는데, 그저 책을 읽고 공부하는 모습이 좋아 그냥 두었던 것이 하버드 대학 조기입학을 놓치게 한 것은 아닐까라는 생각도 든다. 진영이가 하버드 대학 조기입학을 앞둔 마지막 학기에서 좋은 성적을 거두지 못한 것이 어찌 보면 봉사와 편집 활동을 하느라 공부를 해낼 체력이 없었기 때문이 아니었을까 싶은 것이다.

하버드 대학 진학이 어려워진 진영이는 노벨상의 왕국으로 알려진 시카고 대학에 진학하게 되었다. 처음에는 형과 함께 세계 최고의 대학인 하버드 대학에 가지 못한다는 사실이 안타까웠지만, 지나고 보니 하나님께서 너무나 세심하게 아들의 길을 인도해주셨다는 생각에 절로 감사 기도를 올렸다.

시카고 대학은 경제학 분야에서 세계 최고로 명성이 높았다. 진영이는 경제학을 전공하고 법과대학원에 진학할 계획이었기 때문에 그곳을 선택했는데, 생각했던 것 이상으로 좋은 점이 많았다. 진영이는 노벨경제학상 수상자인 로버트 포겔 박사와 로버트 루커스 박사의 수업을 들을 수 있었다. 특히 시카고 대학은 교양 수업의 수준이 높기로 유명했다. 최고의 경제학 수업과 교양 수업을 동시에 받을 수 있으니 진영이에게는 더없이 유리한 조건이었다.

우리 부부는 진영이가 시카고 대학에 입학한 후 공부에만 열중할 것이라 생각했지만, 다른 사람을 돕겠다는 진영이의 열정은 막을 수 없었다. 남편은 진영이가 봉사 활동을 줄이고 학문에 전념하기를 바랐지만, 그동안 길러온 봉사 정신과 리더십 때문인지 진영이는 오히려 더 강하게 자신의 신념대로 과외 활동을 해나갔다.

형보다 운동 신경이 덜 발달한 편인 진영이에게 나는 농구나 야구 같은 팀 스포츠 대신 줄넘기나 달리기 등 남과 비교하지 않고 자기 자신과 경쟁할 수 있는 운동을 시켰다. 그것이 도움이 되었는지 진영이는 고등학생 때에는 트랙과 필드 경기에 참가했고, 대학생 때에는 선수들에게도 지옥처럼 힘들다는 시카고의 철인3종경기를 완주했으며, 지금도 종종 마라톤 대회에 참가한다. 진영이가 자신의 신념대로 과외 활동을 하며 봉사 활동을 할 수 있었던 것은 어려서부터 스포츠를 통해 한계를 극복하고 도전하는 법을 터득했기 때문이리라.

대학 1~2학년 때 진영이는 노스웨스트 인디애나에서 가장 영향력 있는 신문사인 해먼드 타임스에 기자로 취직해 열심히 일했다. 또한 시카고 대학에 처음으로 '알파와 오메가'라는 봉사 활동 클럽을 창립, 대학 내에 지역사회 봉사 센터를 창설하고 초대 소장으로 봉사했다. 그때부터 진영이는 스스로 용돈을 벌어 썼고, 책값은 물론 다른 비용까지 알아서 충당했다. 어릴 때부터 형 못지않은 리더십을 발휘했던 진영이는 시카고 대학에서 학생대표이사 선거에 출마해 당당하게 당선되기도 했다.

진영이가 시카고 대학에서 이룬 봉사 활동과 리더십의 명성은 점차 시카고 대학을 넘어섰다. 전미에 방송되는 라디오 프로그램에 출연하는가 하면, 진영이의 활동을 다룬 신문 기사를 본 시카고 대학의 소넨샤인 총장이 직접 "참으로 자랑스러운 아들을 두셨습니다"라는 서신을 보내오기도 했다. 진영이는 시카고 대학에서 주는 봉사상과 지도자상을 모두 휩쓸었고 미국 중서부 지역에서 매년 30명을 뽑는 지도자상도 수상했다.

부드러운 듯하면서도 소신을 절대 굽히지 않고, 조용하지만 강하게 원하는 바를 이루어나가는 힘이 있었던 진영이는, 대학생활 동안 이렇게 봉사 활동과 학업을 병행하면서 대법관이란 자신의 꿈을 향해 조금씩 발을 내디뎠다.

대학 졸업 후 3년제 법학박사 프로그램에 입학하려면 LSAT, 즉 법대 입학시험을 치러야 한다. 180점이 만점인 시험으로 진영이가 본 해의 평균은 150점이었고, 예일 대학 법대와 시카고 대학 법대의 입학생 평균이 169점으로 가장 높았다. 진영이는 172점으로 100명 중 1등이라는 최고점을 받았다. 대학 성적이 문제 되긴 했지만 미국 10대 명문 법대 여러 곳에 한 번에 합격했기에 그중 한 곳을 선택하기만 하면 됐다.

시카고 대학에서 마지막 학기를 남겨두고 진영이는, 같은 학교에서 영문학을 전공하는 리즈를 만났다. 조금 일찍 만났더라면 좀 더 오래 알콩달콩 캠퍼스 커플로 연애를 즐겼을 것을, 졸업 후 진영이는 듀크 법학전문대학원으로, 리즈는 하버드 법학전문대학원으로 진학해 3년이란 길다면 긴 기간 동안 원거리 연애를 하게 되었다. 이것도 두 사람의 사랑을 더욱 굳건하게 만드시려는 하나님의 뜻이었던 것 같다. 몸이 멀어지면 마음도 멀어진다고들 하는데 이 둘은 오히려 더욱 애틋해져만 갔고, 그렇게 사랑을 키워 마침내 2002년 4월 24일 리즈의 생일날 약혼식을, 그해 6월 15일 진영이의 생일날 결혼식을 올렸다. 5학년 때 가상의 자서전에 쓴 일을 진영이는 차근차근 하나씩 이루어간 것이다.

대학원 시절 에드워드 케네디 상원의원실에서 인턴으로 일한 진영이는 졸업 후 리즈와 함께 워싱턴에 자리를 잡았다. 2001년 변호사가 된 후에는 일리노이 주 상원의원인 리처드 더빈 상원의원의 보좌관으로 근무하다, 그가 민주당 부대표가 되면서 진영이는 민주당 지도부 본회의장 법률 고문과 수석보좌관으로 7년간 일하며 두각을 나타냈다. 또한 2005년부터는 미 의회 전문지 『더 힐*The Hill*』이 선정하는 '35세 이하 최우수 보좌관 35인'에 해마다 선정되어 그 능력을 인정받았다.

2009년 제44대 미국 대통령에 당선된 버락 오바마는 7년 동안 리처드 더빈 상원의원을 보좌하며 그 누구보다 뛰어난 능력을 발휘해온 진영이를 백악관 입법특별보좌관으로 스카우트했다. 이어 2011년 8월 17일자로 대통령 선임법률고문이라는 최고의 요직으로 발탁됐다. 백악관 법률고문실은 우리나라의 청와대 민정수석실과 비슷한 곳으로 대통령에게 법률자문을 하고 사법부 인선 등을 보좌하는 조직인데, 진영이가 맡은 선임법률고문 직위는 청와대의 법무비서관에 해당한다고 볼 수 있다. 앞으로 진영이는 오바마 대통령의 연방판사 인선과정과 그 절차를 보좌 및 자문하는 등 사법부 고위직 인선을 실질적으로 책임진다고 한다.

진영이의 아내 리즈는 가정폭력법을 전문 분야로 하여 조지 워싱턴 대학에서 수학한 뒤 지금은 이 분야의 권위자로 학생과 법조인 들을 위한 서적을 집필하며 교수로 활동하고 있다. 진영이와 리즈 모두 각자의 분야에서 최고의 실력을 보이며 하나님이 주신 재능을 마음껏 펼치고 있으니, 이 부부를 지켜보는 내 마음도 뿌듯하기 그지없다.

나.는.
어.머.니.입.니.다.

:고생이 희생이 아닌, 행복이었던 시절

지금도 가끔, 사랑하는 두 아들을 키우며 겪은 일들이 순간순간 떠올라 가슴이 벅차오른다. 많은 부모가 아이를 키우는 과정에서 겪은 고생을 '희생'이라고 생각하지만, 커가는 아이들이 나를 웃게 한 기쁨에 비하면 그것은 희생이 아닌 행복이자 감사였다.

그때는 아이들 아침 준비에 학교 보낼 준비, 남편 도시락 준비, 아이들의 방과 후 특별 활동, 장보기, 빨래하기 등의 집안일과 운전으로 쉴 새 없었다. 지금 생각해보면 몸이 지칠 만도 했을 강행군이었다. 그래서였는지 더욱 열심히 기도하며 살았다. 1년에 보통 2만 5천 마일 정도를 운전했는데 그때는 물론 지금까지도 사고 한 번 나지 않은 것은 분명 하나님께서 당신만을 의지하고 사는 내 기도를 들어주시고 나와 동행하시며 지켜주신 것이리라.

두 아들이 각각 초등학교 3학년, 5학년이었을 때 남편이 하루는 저녁 일곱시에 노스이스턴 일리노이 주립대학원에서 교육학 강의를 하게 되었다. 특히 겨울이면 시카고에는 엄청나게 많은 눈이 내리는데, 밤 열시경에 강의를 마친 남편과 함께 돌아오는 길은 그야말로 아찔함 그 자체였다. 도로에 잔뜩 쌓였던 눈이 녹으면서 안개까지 자욱하게 끼었는데, 하필이면 그 고속도로에는 가로등도 하나 없었다. 모든 차가 자기 헤드라이트에만 의존해야 하니 앞차를 잘 따라갈 수밖에 없었다. 나는 내 앞에 차가 없으면 천천히 운전하다가 큰 트럭이 오면 그 뒤에 바싹 붙어 뒤따라가곤 했다. 30분을 그렇게 가다가 도저히 더이상은 못 가겠다 싶어서 할 수 없이 길 옆에 차를 세워놓고 잠시 쉬면서 정신을 가다듬었다. 차를 세우자 자고 있던 남편은(남편은 늘 그러듯 내가 운전하면 잔다) "다 온 거야?"라고 물었다. 그때는 차라리 남편이 이 모든 상황을 못 보고 편히 잠을 자는 것이 다행스러웠다. 지금 생각해도 아찔했던 그 순간을 어떻게 감당할 수 있었나 싶다. 그래서인지 운전대를 잡으면 어김없이 기도가 나온다. '오늘도 모든 일정을 하나님 손에 맡깁니다. 주님, 도와주시옵소서……'

자녀를 품 안에서 기를 때가 실은 모든 부모가 가장 바쁘고 힘든 시기다. 하지만 나는 그것이 여자로 태어나 어머니로서 가질 수 있는 가장 큰 특권이자, 하늘에서 받는 축복 중 가장 높은 축복이라고 믿는다. 아찔한 순간도 많았지만 지금 생각해보면 그때가 가장 보람 있고 행복했다. 엄마는 늘 아이들에게 마음을 열고, 아이들이 무엇이든 의논할 수 있는 상대가 되어주어야 한다. 무엇보다 그런 엄마가 되고자 노력했던 것 같다.

한국사회에서도 그렇겠지만 십대 때는 폭풍처럼 모든 것이 걷잡을 수 없고 혼란스럽다. 이 시기에 누군가 나를 위해 기도해주고, 나의 이야기를 들어준다면, 단 한 명이라도 자신의 곁에 그런 사람이 있다면 결코 아이들은 빗나가지 않을 것이다. 종종 십대 청소년의 비행으로 발생하는 가슴 아픈 사건을 볼 때면 참으로 안타깝다.

모든 부모는 자식들에게 가장 편안한 친구이자 대화 상대가 되어야 한다. 나의 두 아들이 이토록 사랑스럽고 반듯하게 자라날 수 있었던 것은 하나님이 내게 자녀양육의 지혜를 주셨기 때문이라고 생각한다. 지금 이렇게 흐뭇하게 자신의 가족을 이룬 아이들을 바라볼 때면, 그때의 크고 작은 고생이 곧 나의 가장 큰 기쁨의 순간이었음을 다시 한 번 깨닫게 된다.

나는 어머니입니다

부부가 서로 존중하고 사랑하며 인내하고 용서하는 모습은 자녀에게 신뢰감과 존경심을 갖게 한다. 특히 아버지는 가정의 머리로서 권위 있게 집안의 질서를 지켜야 하며, 어머니는 이를 존중하고 잘 도와주어야 한다. 아내가 남편의 권위를 세워주듯 남편 또한 아내의 권위를 세워줄 때 자녀는 가정에서 행복과 안정감을 얻을 수 있다.

무엇보다 나는 '엄마'라는 역할에 자부심이 있다. "여자는 약하나 어머니는 강하다"는 말이 우리 어머니들에게 가장 고귀한 덕목이라고 믿는다.

두 아들이 어릴 때부터 그들에게 앞 못 보는 아빠의 장점을 알려주기 위해 노력했고, 시력 없이도 아버지와 함께 할 수 있는 것을 하도록 권했다. 아이들에게 독서, 대화, 산책, 수영, 이발 등을 아버지와 함께 해보게끔 하면서 '장애는 누구에게나 올 수 있고, 우리가 함께 도우며 산다면 못 이룰 것이 없다'는 것을 가르쳤다. 때때로 나와 남편이 만나, 어려운 가운데 믿음을 갖게 되고, 새로운 사명감으로 걸어온 길을 하나하나 설명해주면서 아버지에 대한 존경과 가족에 대한 깊은 사랑을 가질 수 있도록 도왔다.

작은아들 진영이는 2000년 아버지의 책 『우리가 오르지 못할 산은 없다』에서 "누구를 가장 존경합니까?"라는 질문에 다음과 같이 대답했다.

"어린 시절에는 운동 선수가 가장 위대해 보였고, 중고등 시절에는 온갖 역경을 불굴의 의지로 극복한 맹인 아버지가 위대해 보였습니다. 하지만 이제 결혼할 나이가 되니 그 뒤에서 헌신적인 내조와 희생, 아가페 사랑을 베푼 내 어머니의 40여 년의 삶이 더욱 훌륭하다는 것을 알게 되었습니다. 오늘날 아버지가 있기까지 어머니가 얼마나 많은 희생과 사랑으로 헌신했는지는 말로 표현하기가 어렵습니다. 어머니는 키 158센티미터에 몸무게 55킬로그램의 작은 체구에 연약해 보이는 중년 부인입니다. 게다가 알레르기, 천식으로 고생을 하면서도 남편의 손과 발이 되고, 눈이 되며, 온갖 집안일을 단 한 번의 불평도 없이 모두 맡아 해내셨습니다. 어머니는 '네게 능력 주시는 하나님 안에서 무엇이든 할 수 있다'는 믿음과 은총을 받으신 것이 분명합니다. 나는 세상에서 나의 어머니를 가장 존경합니다."

아들의 글을 읽으며 '이제 죽어도 아쉬운 게 없구나……' 싶을 정도로 감격했다. 누군가 알아주기를 바라서 그런 것이 아니라, 내게 주어진 사명을 행복과 감사로 감당한 것이 사랑하는 가족에게서 최고의 존경과 감사로 돌아오다니. 하나님의 은혜가 아니면 불가능한 일이었을 것이다.

시카고에 바이블 인스티튜트(Bible Institute)를 창설한 드와이트 무디 목사님은 부모들에게 다음과 같은 매우 의미심장한 말씀을 하셨다.

"세상에서 모든 존경을 잃는다 해도 나는 불행하지 않다. 그러나 내 자식에게서 존경을 잃는다면 나는 참으로 불행할 것이다."

이는 가장 가까이에서 모든 것을 보고 자란 자녀라는 거울에 비치는 부모의 모습은 조금도 가감이 없다는 엄숙한 선포다.

이제 두 아들 모두 결혼해 내게는 네 명의 손주가 생겼다. 이 모든 것을 이루게 해주신 하나님의 과분한 축복에 무엇으로 보답할 수 있을까? 그저 오늘도 한 알의 밀알이 되어, 하나님의 섭리를 널리 전할 수 있는 도구로 쓰임받기를 간절히 기도할 뿐이다.

이제 내게 주어진 또 다른 역할을 감당해내야 할 것이다. 인생의 순리에 따라 나이를 먹고 세대가 바뀌면 그 역할도 새롭게 변화해야 한다. 미국에서 28년간 교사생활을 한 뒤, 이제는 은퇴해 일흔 살을 바라보는 나이지만 아직도 내게는 할 일이 있다. 우선 네 명의 손주에게 할머니 역할을 충실히 하면서, 아직 못다 이룬 나의 꿈을 향해 남은 힘을 다해야 할 것이다. 물론 예전에 비하면 그 역할은 달라졌지만, 여전히 나는 한 남편의 아내이자 두 아들의 어머니라는 사실에 감사한다.

2부

나, 석은옥의
꿈을 이루다

늘 그랬듯이 나는 남이 알아주지 않아도 사명감을 가지고 긍지와 보람을 느끼며 살았다. 교직자로서
장애를 가진 사람들을 돕고 가르치는 것이 나의 꿈이었고, 한 사람 한 사람 만나는 모든 과정이 꿈
을 이루어가는 여정이었기에 매 순간이 기쁨이고 축복이었다.

다.른. 이.를.
돕.고. 싶.었.던.
소.망.

ː나, 석은옥은……

학생 시절 읽었던 여러 책과 이야기 중, 나의 삶 전반에 큰 영향을 줄 정도로 감명 깊었던 것은 나이팅게일과 페스탈로치의 이야기였다.

"가난한 사람의 구원자, 국민의 선교자, 고아의 아버지, 새 초등학교의 창시자, 인류의 교육자였으며 참된 인간, 참된 기독교도, 참된 시민, 남을 위하여 모든 것을 했고 자기를 위해서는 아무것도 아니한 사람."

페스탈로치의 묘비에 새겨진 이 글은 학생 때는 물론 지금까지도 나의 이상적인 교육자상이다. 모든 인간의 생명은 고귀하다고 믿으며 죽는 날까지 자신을 희생해 병들고 상처 입은 사람들을 도운 나이팅게일의 삶을 읽고 새기며 어느새 마음 한구석에 장차 여성 지도자, 또 현모양처가 되고 싶다는 꿈이 생겨난 것 같다.

열 살쯤에 크리스마스 성극에서 천사의 춤을 추게 된 것을 계기로 교회에 나가면서 하나님의 말씀을 배우기 시작했고, 고등학교에 진학하면서 학습과 세례를 받으며 더욱 열심히 신앙생활을 해 예수님이 말씀하신 이웃사랑을 더욱 적극적으로 실천했다. "네 이웃을 네 몸과 같이 사랑하라"고 하신 예수님의 가르침대로 세상의 소금과 빛이 되겠다는 마음이 그때부터 자연스럽게 솟아났다. 착한 사마리아인 이야기, 산상 설교 말씀, 겉옷을 달라면 속옷까지 내어주라는 말씀 등에서 깊은 은혜를 받으면서 열정적으로 신앙생활을 해나갔다.

앞서 이야기했듯, 나는 봉사 활동을 열심히 하면서 정작 목표한 대학 입시에서는 실패하고 말았다. 하지만 그것이 오히려 큰 계기가 되어 당시 맹인 중학생이었던 지금의 남편을 만나게 되었고, 용기를 내어 그의 지팡이 역할을 함으로써 우리는 운명 같은 인연을 맺게 되었다.

많은 사람들이 "맹인 남편을 내조하느라 얼마나 힘들고 많은 희생을 감당했겠느냐"며 나를 위로한다. 하지만 하나님은 이미 10년이 넘도록 내게 봉사와 희생의 마음을 단련시켜주셨기에 맹인을 돕는다는 것은 크게 어렵지 않았다. 처음에는 하나부터 열까지 내가 그의 눈이 되고 손과 발이 되어줘야 해서 조금 바빴지만, 참으로 신기하게도 그때마다 내게 새로운 힘이 솟아났다.

아마도 그것은 "내게 능력 주시는 자 안에서 모든 것을 할 수 있느니라. 두려워 말라, 내가 너와 함께하리라"라는 하나님의 말씀을 항상 머리맡에 붙여놓고 연단을 통해 인내를 배웠기 때문일 것이다. 그때 깨달았다. 소망 가운데 나를 지으시고 생명을 주신 창조주 하나님께 모든 것을 맡길 때에야 비로소 마음에 진정한 평화가 온다는 사실을 말이다. 그렇게 나는 남편을 통해 내게 주어진, 내가 선택한 삶 앞에 늘 최선을 다했고 지금도 그 사명을 다하고 있다.

맹인인 남편을 만나서가 아니라, 원래 천성적으로 남을 돕는 것, 그리고 다른 사람의 행복을 통해 기쁨을 얻는 것을 좋아했다. 어릴 적 부모님의 모습을 통해 자연스레 그것을 보고 익혔을 뿐 아니라, 신앙생활과 남편과의 만남을 통해서 내 속에는 그 누구보다 강한 봉사 정신이 자리 잡았기 때문이다.

남을 도우라 가르쳐주신 부모님

어쩌면 오늘날 이렇게 많은 복을 받는 것은 어린 시절 늘 "착하게 살면 복을 받는다"고 가르쳐주신, 어려운 사람들을 그냥 못 지나치셨던 아버지의 인정이 삶의 유산으로 남았기 때문일지도 모른다. 이제 일흔을 바라보는 나이에 이 글을 쓰려니, 여섯 살 때쯤인가 해변에서 수영하는 아빠 등 위에서 목을 잡고 물장구치던 옛 생각이 떠올라 그리움이 사무친다.

맹인 동생을 돕게 되었다고 소개시켜드렸더니 "우리 딸 정말 착하구나. 잘 도와주렴" 하시며 맹인들이 사용할 수 있는 기계체조 도구를 만들어봐야겠다고 하셨던 인정 많았던 아버지. 안타깝게도 후일 그가 당신의 사위가 되는 것은 못 보시고 세상을 떠나셨다.

혼자되신 어머니는 미국 유학까지 다녀온 외동딸이 버젓한 사위를 얻어 당신과 함께 살기를 바라셨는데, 뜻밖에 맹인과 결혼하고 3년이나 그의 졸업을 기다렸다 함께 미국 유학을 가게 되었다는 소식에 안타까워하셨다. "어머니, 나중에 제가 꼭 미국 구경 시켜드릴게요!" 하며 꿈 같은 이야기를 했지만, 어머니는 정말 딸 덕에 미국에 갈 수 있다는 기대로 나를 믿어주셨다. 또한 우리 두 사람의 결혼이 하나님의 섭리라는 내 말에 더이상 반대하지 않으시고 그것에 순종해주셨다.

그 후 어머니의 꿈은 현실로 이루어져 어머니는 딸 덕에 미국을 방문할 수 있게 되었다. 늘 바쁜 딸을 위해 시카고 노인아파트에 살며 한 달에 한두 번 딸을 방문하는 것으로 만족하셨고, 늘 부족한 딸을 위해 밤낮으로 열심히 기도해주셨다. 지금은 90세가 되셔

116

서 양로원에서 여생을 보내고 계신 어머니는 사위 덕에 미국시민
으로 대접받고 증손자까지 보았으니 더 바랄 게 없다고 날마다 감
사하다고 하신다. 「엄마 되어 엄마에게」라는 석정희 시인의 시처
럼 이제야 내가 엄마가, 또 할머니가 되고 나니 어머니의 사랑이
새삼 더욱 절실하게 고맙다.

> 높고 높은 하늘이라 말들 하지만
> 나는 나는 높은 게 또 하나 있지
> 낳으시고 기르시는 어머님 은혜
> 푸른 하늘 그보다도 높은 것 같아
>
> 넓고 넓은 바다라고 말들 하지만
> 나는 나는 넓은 게 또 하나 있지
> 사람 되라 이르시는 어머님 은혜
> 푸른 바다 그보다도 넓은 것 같아

딸에게 봉사의 참의미를 가르쳐주신 아버지. 그리고 당신의 뜻
대로 딸을 바라보기보다 하나님의 섭리 안에서 순종하고 딸을 믿
어주신 어머니. 그분들의 가르침 속에서 진정으로 다른 사람을 위
해 살아가는 방법을 배웠던 것 같다. 아주 어릴 적부터 부모님의
사랑과 희생정신이 내 마음에 채워지면서, '나도 이다음에 커서 꼭

다른 이를 돕는 사람이 되겠다'는 꿈을 나도 모르게 갖고, 또 키워 나간 것이다.

단 한 번도 그 꿈을 잊은 적이 없었다. 맹인 남편을 만나 평생을 내조하고, 두 아들을 낳아 양육하고 교육하는 과정 속에서도 나는 늘 다른 사람을 돕고, 교사로서 사람들을 가르치겠다는 꿈을 놓지 않았다. 그 꿈이 반드시 이루어지리라는 기대 또한.

: 꿈을 꾸는 사람은 아름답다

한 곡의 노래가 순간에 활기를 불어넣을 수 있다.

한 자루의 촛불이 어둠을 몰아낼 수 있고,

한 번의 웃음이 우울함을 날려보낼 수 있다.

한 가지 희망이 당신의 정신을 새롭게 하고,

한 번의 손길이 당신의 마음을 보여줄 수 있다.

한 개의 별이 바다에서 배를 인도할 수 있다.

한 번의 악수가 영혼에 기운을 줄 수 있다.

한 송이 꽃이 꿈을 일깨울 수 있다.

한 사람의 삶이 세상에 차이를 가져다준다.

— 틱낫한, 『마음에는 평화 얼굴에는 미소』에서

꿈을 갖고 세상을 이상적으로 바라보는 사람은 현실에 집착하는 사람보다 저항력이 강하고, 꿈이 없는 사람보다 훨씬 행복하고 건강한 생활을 영위할 수 있다고 했다. 인생의 목표가 분명한 사람, 사명의식이 충만한 사람, 꿈을 가진 사람은 조그마한 어려움이나 문제가 생겨도 절대 불평하지 않는다. 꿈을 가진 사람은 희생정신과 실천 정신이 강하다. 슈바이처 박사는 "나 자신의 행복만을 위해 살지 않고 다른 사람의 행복을 위해 살면 자기 자신이 얼마나 더 많이 행복해지는지를 알게 된다"고 했다.

젊은 시절 "오늘이 나의 마지막이라도 나는 한 그루의 사과나무를 심겠습니다"라는 말을 좋아했다. 밝은 미래를 향해 그 빨간 사과를 내 손으로 따보겠다는 희망, 그 희망 앞에서 결코 좌절할 수 없었다.

나는 선천적으로 참 낙천적인 사람이다. 어쩌면 많은 형제들과 경쟁하면서 다투고 시기, 질투할 기회 없이 부모님의 사랑을 독차지하고 자랐기 때문일지도 모른다. 그래서 독한 구석이 없고 모진 말에도 크게 아랑곳하지 않는, 둥근 마음을 지닌 것 같다. 게다가 매사에 하나님께 의지하는 태도로 살아가니 항상 내 마음은 밝고 긍정적인 생각으로 가득하다. 이런 내 모습 또한 늘 하나님의 축복이라 여기며 살아간다.

하지만 다른 한편으로는 참 단순하고 어리석고, 무식한 구석도 많으며, 고집스럽다는 생각도 든다. 흔히 말하는 "무식하면 용감하다"는 말이 내게 딱 맞는 듯싶다. 돌이켜보면 26세 나이에 대학교 1학년인 맹인, 그것도 고아에 두 동생을 책임져야 하는 소년가장을 어떻게 3년 더 공부시켜 지아비로 섬길 생각을 했는지…… 누구라도 참 바보 같고 무식한 결단이라고 비웃을 것만 같아, 나를 이해해줄 것 같은 가장 가까운 몇 사람을 제외하고 아무에게도 그에 대해 말하지 못하고 그가 졸업할 때까지 3년이라는 시간을 묵묵히 기다렸다.

그때 "하나님께서는 가장 약한 자를 들어 쓰신다"는 성경 말씀이 바로 나 같은 경우를 말하는구나 하고 깨달았다. 하나님은 나의 낙천적인 성격은 물론 장단점까지 모두 아셨기에, 참으로 오묘한 그 섭리대로 나를 맹인 남편을 섬기는 아내로 선택하셨다. 항상 내 꿈은 '나보다 어려운 사람을 돕겠다'는 것이었는데, 하나님은 남편을 시작으로 나에게 그 천직, 즉 꿈을 평생 동안 이루도록 허락하신 것이었다.

아름다운 세상을 만든다는 것이 꼭 큰일을 통해서만 가능한 것은 아니다. 나 한 사람부터 시작해 내가 서 있는 이 자리에서 내가 할 수 있는 것이 무엇인지 발견하고, 가정은 물론 친구와 이웃, 더 나아가 지역과 사회, 국가, 세계를 위한 꿈과 비전을 품고 계획하고 실천하는 과정에서 아름다운 세상을 만드는 일은 시작된다.

나는 한 가지 큰 은사(恩賜)를 받았으니, 어려운 사람을 만나면 동정심이 앞서서 '내가 무엇으로 저 사람을 도울 수 있을까?' 하고 생각하는 것이 그것이다. 나는 사람을 외모로 판단하지 않는다. 모든 사람에게 장단점이 있다고 믿고, 그 사람의 장점을 살려주면서 같이 일할 수 있도록 격려해주니 내게는 다양한 친구가 많다.

"어떻게 저 사람과 친하게 지내세요?" "어떻게 저 사람하고 같이 일하세요? 나는 한마디도 말이 안 통하는데……"라고 말하면 나는 그에게 "그 사람이 가진 장점을 인정해주니 함께 일할 수 있어요. 완전한 사람은 아무도 없답니다. 그리고 예수님의 성품을 배우고 따라가려고 노력하기 때문에 가능한 일이고요"라고 대답한다.

이렇게 다른 사람을 돕겠다는 나의 은사와 꿈은 우연한 기회에 나를 찾아왔다. 그 기회를 통해 28년을 특수교육 시각장애 교사로 미국에서 봉직하게 되었다. 어린 시절, 그저 '교사가 되겠다'던 내 소박한 꿈이 기대 이상으로 이루어지는 순간이었다.

꿈.을. 향.해.
다.시.
도.전.하.다.

:뜻밖의 기회, 그리고 남편의 응원

나는 28년간 미국 인디애나 주 개리 시 교육청 소속 특수교육 시각장애 교사로 근무했다. 취직을 한 것은 1977년의 일인데, 정말 우연히 찾아온 그 기회가 없었다면 과연 내가 교사생활을 시작할 수 있었을까 싶다.

당시 남편은 인디애나 주 교육위원회에 취직된 지 2개월쯤 되었고 나는 차로 그의 출퇴근을 도왔다. 그런데 어느 날 우연히 만난, 남편 직장의 과장이 내게 이런 질문을 했다.

"어떻게 맹인인 남편과 결혼까지 하게 되었습니까? 전에는 무슨 일을 하셨지요?"

남편과의 인연에 대해 이야기하며, 8년 전 펜실베이니아에서 맹인 교사 연구과정을 1년 동안 밟으며 보행 지도 교사자격증을 취득했다고 이야기했다.

"아, 그러세요? 정말 잘됐습니다! 지금 교사를 찾고 있었거든요. 필요한 서류만 몇 개 작성해 보내주시면 바로 일할 수 있게 돕겠습니다."

1975년에 미국에서는 장애아교육법이 제정, 통과되었는데, 그에 따라 장애의 종류나 정도와 관계없이 모든 장애아동이 일반 공립학교에서 무상 공교육을 받게 되었다. 그전까지는 기숙학교에서만 지내던 장애 학생들이 공립학교로 몰렸고, 자연히 공립학교의 특수 교사에 대한 수요가 급증했다. 그래서 관련 자격증만 있으면 누구든 특수 교사로 고용하는 것이 허용되었다. 마침 보행 지도 교사자격증을 가진 내가 적격이라 생각했던 모양이다.

뜻밖의 제안, 전혀 예상하지도 못한 기회가 찾아와 어리둥절했다. 마음의 갈등이 전혀 없었던 것은 아니었다. 한국에서 교육학을 전공하긴 했지만 그것은 꽤 오래전 일이었고 8년 전 미국에서 받은 교육만으로는 준비가 턱없이 부족하다는 생각이 들었다. 무엇보다 이제 9개월 된 진영이와 네 살 된 진석이를 돌보며 엄마이자 아내 역할에 충실하고 싶었는데, 그렇게 여러 면에서 부족한 일을 시작한다면 힘들고 어려울 것이 뻔했다.

"이것은 하나님이 주신 기회예요. 혼자서 교사 월급을 받는 자리를 구하기도 힘들었을 텐데, 우리 둘 다 이렇게 취직이 되는 축복을 받다니 하나님의 놀라운 은혜가 아니겠어요? 집안일은 나도 좀 도울 테니 너무 걱정 말고 한번 도전해봐요."

남편은 실용적인 철학을 가진 사람이었기에 "이런 기회는 다시 오지 않을 것"이라며 나를 밀어붙였다. 다소 망설였지만, 사실 내 어릴 적 꿈이 페스탈로치처럼 어린이를 사랑하는 교사가 되는 것이었다. 그 꿈대로 15년 전 맹인 소년을 만나 맹인 교사로 훈련받았고 나아가 그의 반려자가 되었으니, 이제 하나님께서 내게 미국에서 맹인 교사의 꿈을 펼칠 기회를 주신 것이 맞으리란 생각이 들었다.

'하나님, 해보겠습니다. 늘 저를 모험의 길로 인도하시고 힘을 주시는 하나님! 저의 등 뒤에서 늘 저를 도우시는 주, 인생길에서 지치고 곤하여 매일처럼 주저앉고 싶을 때 저를 밀어주시는 나의 하나님! 일어나 걸으면 새 힘을 제게 주고 저를 돕겠다고 하신 하나님, 당신을 믿고 가겠습니다.'

갈등으로 번잡했던 마음을 가라앉히고 지원을 결심했다. '내가 잘해낼 수 있을까' 하는 두려움을 뒤로하고, 내 꿈을 이룰 이런 좋은 기회는 두 번 다시 주어지지 않을 것이라고 생각해 용단을 내린 것이다. 학부과정을 미국이 아닌 한국에서 밟은 것이 문제가 됐지만, 나를 추천해준 분들의 적극적인 지원 덕분에 교사가 되었다.

꿈을 이루기 위한 소중한 한 발을 내딛는 데 가장 중요한 역할을 해준 그분들의 추천사, 나는 아직도 그것을 소중히 간직하고 있다.

펜실베이니아 주 안과 및 이비인후과 법 분야의 고문인 로버트 보스턴 변호사, 메릴랜드 주 실명예방협회의 엘런 회장, 미국의사 부인회의 캐서린 크레이그 회장, 펜실베이니아 주 후생부 시각장애자재활청장인 요더 박사, 피츠버그 대학의 루실 크로지어 이사 등이 써준 추천사를 아직도 잊을 수가 없다. 그중 로버트 보스턴 변호사의 추천사를 여기에 옮겨본다.

미세스 강은 결혼 전 필라델피아 대학에서 교육을 받을 때 우리 집에 3주간 체류했었습니다. 당시 우리 집에는 어린 두 자녀와 늙으신 어머니 등 삼대가 함께 살고 있었는데, 고국에서 수천 마일 떨어진 낯선 나라에 와서 다른 언어와 풍습을 접하면서도 그녀는 온 식구의 마음을 훈훈하게 해주는 정감과 여유를 갖고 있었습니다.

그녀는 제 아내와 아이들에게는 쉬운 한국어 어휘를, 어머니에게는 두어 가지 한국 요리를 가르쳐주었습니다. 우리 가족은 지금도 그것을 아름다운 추억으로 간직하고 있습니다. 또한 그녀는 제게 '재활'의 참된 의미가 무엇인지를 일깨워주었습니다.

그녀는, 저녁에 교육을 마치고 돌아오면 그날 배운 것을 정리하여 한국으로 보고하는가 하면 밤늦게까지 숙제를 하는 성실하고 근면한 숙녀였습니다. 내가 아는 다른 뛰어난 사람들처럼, 그녀 역시 모

나지 않은 성격에 우아함과 순박함을 천성으로 지닌 아름답고 인상
적인 여성이었습니다.

　그녀를 교사로 채용하시면 그녀의 학생들은 참으로 행복할 것이
고, 그녀로 인해 귀교는 더욱 발전할 것이라고 확신합니다.

⁝ 1인 3역을 감당해내다

　1977년 3월, 나는 인디애나 주 개리 시 교육청 소속 특수교육 시
각장애 교사가 되었다. 그와 동시에 나의 1인 3역도 시작되었다.
새벽에 일어나 진영이가 필요한 것을 챙겨주고, 진석이 옷을 입히
고 남편의 아침을 차려주고 점심 도시락을 만들었다. 그리고 빵 한
쪽과 물을 들고 나와 남편과 두 아들을 차에 태우고 집을 나섰다.
진영이는 옆 아파트의 베이비시터에게 맡기고, 진석이는 탁아소에
내려준 후 남편을 출근시킨 후에야 일터로 향하며 빵을 먹고 물을
마시며 한숨 돌려 그날 아이들에게 가르칠 것을 준비했다.

　나는 세 살부터 스물한 살까지의 아이들을 대상으로, 그들이 일
반학교를 졸업하는 데 필요한 것을 개인 지도했다. 이를테면 3~5
세까지 학생들에겐 감각기관이 잘 발달하도록 소리 듣고 구별하
기, 대상을 만져보고 무엇인지 알아맞히기, 냄새로 물건 구별하기,
거리 감각 익히기 등과 점자를 용이하게 배울 수 있게 하는 촉각

훈련 등 일반 교사가 알려주기 어려운 것들을 가르쳤다. 초등학생들에게는 교내외 보행 지도 및 그에 필요한 기초지식을 지도했고, 고등학생들에게는 횡단보도를 건너는 데 필요한 정확한 지팡이 사용법과 버스 이용법, 지역과 거리의 이름 익히기 등을 가르쳤다. 대학 입학을 준비하는 학생들에게는 입학 예정인 학교를 혼자 방문하여 다녀볼 수 있도록 도왔고, 타자를 치는 법도 가르쳐주었다.

담당하는 아이들의 지도를 위해 여러 학교를 방문해야 했기에 운전하는 시간이 많았다. 겨우 한 시간인 점심시간에는 9개월 된 둘째가 너무 보고 싶어, 매일 베이비시터의 집으로 달려가 진영이를 안아주고 기저귀를 갈아주고, 점심도 직접 먹여주곤 했다. 시간이 다 되면 차 안에서 대충 샌드위치로 점심을 때우면서 다시 학교로 헐레벌떡 달려왔다. 그것이 습관이 됐는지 지금도 차 안에서 음식을 곧잘 먹는다.

그렇게 빠듯하게 하루를 보낸 뒤, 퇴근하는 남편을 데리러 가서 차에 태운 후 탁아소에 들러 진석이를, 마지막으로 진영이까지 데리고 집으로 왔다. 그렇게 온 식구가 반갑게 모두 모여 잠시 쉬고, 아침에 다하지 못한 설거지부터 저녁 준비, 아이들 빨래와 청소를 시작했다. 그뿐 아니라 아이들 목욕을 시키고, 잠자리에 들기 전까지 책도 읽어주고, 다음 날 식사 준비로 장까지 보러 갔다.

워킹맘 생활은 아이를 기르는 데에도 순간순간 힘겨움으로 찾아왔다. 하루는 수업중에 학교로 급한 연락이 왔다. 진영이가 놀다가 구슬을 삼켜 응급실로 실려 갔다는 것이다. 너무 놀라 당장 병원에 달려가 의사의 말을 들어보니, "구슬이 다행히 대변으로 나오면 상관없지만, 그렇지 않으면 수술을 해야 할지도 모른다"고 했다. 진영이가 대변을 볼 때마다 조마조마한 마음으로 그것을 휘저으며 구슬을 찾아댔다. 이틀 뒤, 마침내 구슬을 발견했을 때에는 온 가족이 환성을 질렀다! 그 후 진영이에게 "절대로 음식 이외에 다른 것은 입에 넣지 말라"고 가르쳤다. 다행히 비슷한 사고는 다시 일어나지 않았지만, 지금 생각해도 그 일은 아찔하기만 하다.

그때도 차분하고 말을 잘 듣는 진영이가 얼마나 큰 기쁨이었는지. 학교에서 일을 하다 점심시간이 되면 틈을 내 진영이를 보러 달려가곤 했다. 어떤 때는 잠든 모습만 보고 올 때도 있었다. 시간에 쫓겨 차 안에서 샌드위치로 대충 끼니를 때우면서도 진영이를 보는 그 시간은 무엇과도 바꿀 수 없었다. 그렇게 정신없이 뛰어다니면서, 아내의 역할과 두 아들의 어미 역할을 해내며 나는 나의 꿈을 이루어가고 있었다.

지금 생각해도 그때 나는 정말 슈퍼우먼이었다. '병이 나를 무서워해서 침범하지 못하는구나' 싶을 정도로 하루도 빠짐없이 맡은 일을 감당하며 매일매일 열심히 살았다. 때때로 몸이 힘들기도 했지만, 신바람이 난 사람 같았다. 두 아들이 건강하고 훌륭하게 자라나고, 남편이 자신의 꿈을 향해 열심히 달려가는 모습을 보는 것만으로도 1인 3역이 아니라 그보다 더한 역할도 감당해낼 수 있으리란 자신감과 소명의식이 가슴 가득 차올랐다.

: 내 등대가 되어준 남편

미국에서 네 식구만 살면서 맹인 남편을 돕는 내게 사람들은 우스갯소리로 "아이 셋을 기르시는군요"라고 했다. 그런 얘기에 항상 "네, 기꺼이 기쁨으로 감당해내고 있습니다"라고 대답했다. 내게 능력을 주시는 하나님이 계시니 두려울 것이 없고, 감당해낼 수 있는 만큼만 시련을 주시는 하나님을 믿었기 때문이다. 그런 내 마음을 따라 항상 최선을 다했다.

1인 3역을 무사히 해낸 것은 하나님께서 보살펴주신 덕분이었지만, 남편의 격려와 응원이 없었다면 훨씬 더 힘겨웠을 것이다. 남편은 시력 없이도 할 수 있는 많은 것들을 도와주며 내게 큰 힘을 주었다. 자전적 수필 『나는 그대의 지팡이, 그대는 나의 등대』에서 이야기했지만 내가 지적인 면에서 목표를 향해 도전해야 했을 때 그는 항상 나의 등대가 되어주었다.

한 가정이 올바르게 우뚝 서기 위해서는 두 부부가 마음을 함께 모아야 한다. 그래야 더없이 아름답게 그 가정이 건설될 수 있다. 특별히 '부부 사랑을 위한 일곱 가지 필수 비타민'을 소개하려고 한다.

1. 인정하고 받아들인다

상대방을 고치려 들지 말고, 있는 그대로 받아들인다. 서로 다른 것을 인정할 때 비로소 같은 방향을 바라볼 수 있다.

2. 믿는다

사랑은 믿음이라는 비타민을 먹고 큰다. 반면 의심은 의심을 먹고 자꾸 커나간다. 믿음이 없는 사랑은 지속되지 않으며, 아름다울 수 있는 인연을 불행과 허무, 상처로 마감하게 만든다.

3. 돌본다

사랑한다면 자연스럽게 상대방을 책임지고 먼저 배려하고 돌보게 된다. 돌봄은 관심이다. 기쁘고 행복할 때보다 어렵고 힘들 때 돌보는 것이 더욱 값진 것이다.

4. 기대한다

서로에 대한 믿음을 갖고 잘되기를 희망하며 꿈을 키워주는 마음이다. 상대방을 과소평가하지 않고 '당신은 할 수 있다'는 기대감을 갖는 것은 상대를 인정하는 행동이며 서로를 상승시키는 에너지가 된다.

5. 지워버린다

상대방의 허물과 단점은 빨리 지워버린다. 자신의 실수에 대해서는 단호히 하고, 상대의 실수나 허물에 대해서는 입장을 바꾸어 생각해보라. 이해하려는 노력이 없으면 사랑은 물론 좋은 인간관계를 이루어나가기 어렵고, 차차 금이 가다가 결국 헤어지고 만다.

6. 용서한다

용서가 없으면 현재를 후퇴시키고 사랑도 후진시킨다. 서로의 과거와 실수, 잘못을 용납해주어야 한다. 용서에는 어떠한 조건이나 앙금이 없어야 한다.

7. 준다

두말할 것도 없이 주는 것이 받는 것보다 더 큰 기쁨이라는 것을 스스로 체험할 수 있어야 한다. 줄수록 넉넉해지고 사랑이 더욱 돈독해진다는 것을 두 사람 모두 경험한다면, 바람직하고 아름다운 사랑 안에서 함께 동행하고 있음을 확신하게 될 것이다.

이 일곱 가지 비타민은 내가 항상 묵상하는 고린도전서 13장에 그 바탕을 두고 있다. 고린도전서 13장은 '참사랑'에 대해 그 어떤 것보다 잘 알 수 있게 해준다.

내가 사람의 방언과 천사의 말을 할지라도 사랑이 없으면 소리 나는 구리와 울리는 꽹과리가 되고 내가 예언하는 능력이 있어 모든 비밀과 모든 지식을 알고 또 산을 옮길 만한 모든 믿음이 있을지라도 사랑이 없으면 내가 아무것도 아니요. 내가 내게 있는 모든 것으로 구제하고 또 내 몸을 불사르게 내줄지라도 사랑이 없으면 내게 아무 유익이 없느니라.

사랑은 오래 참고 사랑은 온유하며 시기하지 아니하며 사랑은 자랑하지 아니하며 교만하지 아니하며 무례히 행하지 아니하며 자기의 유익을 구하지 아니하며 성내지 아니하며 악한 것을 생각하지 아니하며 불의를 기뻐하지 아니하며 진리와 함께 기뻐하고 모든 것을 참으며 모든 것을 믿으며 모든 것을 바라며 모든 것을 견디느니라. 사랑은 언제까지나 떨어지지 아니하되 예언도 폐하고 방언도 그치고 지식도 폐하리라. 우리는 부분적으로 알고 부분적으로 예언하니 온전한 것이 올 때에는 부분적으로 하던 것이 폐하리라. 내가 어렸을 때에는 말하는 것이 어린아이와 같고 깨닫는 것이 어린아이와 같고 생각하는 것이 어린아이와 같다가 장성한 사람이 되어서는 어린아이의 일을 버렸노라. 우리가 지금은 거울로 보는 것같이 희미하나 그때에는 얼굴과 얼굴을 대하여 볼 것이요 지금은 내가 부분적으로 아나 그때에는 주께서 나를 아신 것같이 내가 온전히 알리라. 그런즉 믿음, 소망, 사랑, 이 세 가지는 항상 있을 것인데 그중의 제일은 사랑이라.

석.사.학.위. 도.전.에.서.
종.신. 교.사.
발.령.까.지.

⠿ 꿈을 이루어가는 여정

소녀 시절에 나는 페스탈로치처럼 어린이를 사랑으로 교육하는 교육자가 되고 싶었다. 고등학교 시절에는 천호동 감리교회에서 주일학교 교사로 아이들을 지도하면서 교직이 내 적성에 참 잘 맞는다는 것을 알게 되었다. 후에 남산 감리교회로 옮겨서도 중고등부 학생들을 지도했고, 미국에서도 교회학교에서 아이들을 가르쳤다. 하지만 그때까지만 해도 내가 공립학교의 종신 교사가 되리라고는 상상도 못 했다.

인디애나 주법에 따르면, 종신 교사가 되기 위해서는 5년 동안 같은 학교에서 근무하면서 장학사의 평가를 통과해야 하며, 취직한 지 5년 내에 대학원에 다니면서 석사학위를 받아야 한다. 처음 2년 동안에는 임시 교사로 채용됐었는데, 잘 가르친다고 소문이 나니 교육청에서 "종신 교사로 채용할 테니 빨리 대학원에 등록해 틈틈이 학점을 따라"고 했다.

하지만 당시에는 임시 교사도 너무나 힘겨웠기 때문에, 대학원 과정을 거쳐 종신 교사가 된다는 것은 상상할 수 없을 만큼 고된 이야기였다. "하나님, 정말 너무 힘듭니다. 조금 더 시간이 지난 후, 아이들이 자라면 해보겠습니다"라는 기도가 절로 나올 정도였다. 결국 진석이가 초등학교 2학년, 진영이가 유치원생이 될 무렵에는 교사생활에 어느 정도 익숙해지기도 했고, 더이상 대학원 진학을 미룰 수 없었기에 적극적으로 도전하게 되었다.

교사는 1년 수업일이 180일이고 방학이 3개월에 하루 6시간만 일하니 다른 직종보다 훨씬 편하긴 했다. 결단하고 퍼듀 대학원에 등록한 뒤 저녁식사 후인 일곱시에 시작하는 강의를 수강하기 시작했다. 열시가 넘어서야 집에 돌아와 쌓인 설거지를 하고 다음 날 아침, 온 식구의 준비물을 모두 챙기고 아이들을 돌보고…… 당시에는 그 모든 것이 불가능해 보였지만, 결국 하나님은 내게 교육 공무원이 되는 길을 열어주셨고, 감당해낼 수 없을 것 같았던 모든 상황을 이겨내고 우수한 교사로 인정받게 하셨다. 나는 퍼듀 대학원에서 교육학 전공 이학석사학위를 받아 마침내 종신 교사가 되었다. 지금도 그것을 '기적'이라고밖에 말할 수가 없다. 28년 동안 교사로 일한 나의 여정을 생각하면 지금도 감사기도가 입술을 떠나지 않는다.

한 가지 신기했던 것은 3년 동안 공부하면서 내내 건강에는 별 문제가 없었는데, 오후 햇볕이 유난히 뜨거웠던 1987년 5월 9일, 야외에서 초등교육 전공으로 석사학위를 받던 날, 한 번에 모든 피로가 몰려왔다는 것이다. 그날 졸업식에 참석해 모든 일정을 잘 마치고 집에 돌아왔는데, 지병인 천식이 갑자기 심하게 발병하여 응급실까지 실려 갔다. 하지만 그 과정을 거쳐 28년 동안이나 교직에 있을 수 있었으니, 짧은 고생이 큰 꿈을 이루는 밑바탕이 되었다는 것에 감사할 수밖에 없다.

고진감래라고, 힘들게 얻은 종신 교사라는 신분은 은퇴 후 노후 대책을 마련해주었을 뿐 아니라, 내가 미국 여성 지도자들과 어깨를 나란히 하는 데도 손색이 없게 하였다. 『Who's Who of American Women』(1991~1992)과 『Who's Who in American Education』(1992~1993)이라는 미국인명사전에 내 이름이 수록되는 영광까지 얻었다. 또한 1967~1968년의 미국 유학을 도와준 크레이그 여사는 대학원 졸업 선물로 미국여성학사회, 즉 AAUW(American Association of University Women)의 평생회원비를 내주셨다. 20여만 명의 회원이 있는 AAUW는 미국에서 학사 이상의 학위를 가진 여성들만 입회 가능한 단체로, 여성에게 미래를 향한 비전을 제시하고 여성의 권익을 보호 신장하는 운동을 전개하고 있다.

이 모든 것이 하나님의 은혜라고밖엔 믿어지지 않는다. 오랜 시간을 긴장하고 바쁘게 살아서인지 폐경기가 빨리 왔지만 우울증도, 열이 오르내리는 것도 모를 만큼 운동화만 신고 뛰면서 살아온 세월이 내겐 그저 아름답고 대견하기만 하다.

：남편에 대한 봉사로 시작된 특수교육

미국학교의 1년 수업일은 180일인데 그중 열흘은 병가로, 이틀은 개인적인 사정상 긴급상황이 생길 때 휴가로 쓸 수 있다. 만일 12일의 휴가를 다 쓰지 않은 해가 있다면 은퇴할 때 그에 해당하는 일당을 지급받을 수 있다. 하지만 나는 아이들에게 늘 긴급상황이 생기거나 남편의 일 때문에 늘 12일의 휴가를 꼬박 채워 다 썼다. 그때부터 나는 운동화를 신고 뛰면서 살았는데, 그것이 습관이 됐는지 지금도 굽 있는 신발을 신으면 불편하다. 게다가 늘 한 보 앞에서 남편을 안내해야 하니 안전이 제일이라고 생각해 나의 모든 신발에는 굽이 없다.

교사가 되었을 때 내가 맡은 일은 일반학교에서 수업을 받게 된 세 살부터 스물한 살까지의 학생들을 찾아다니면서 개별 지도를 하는 순회 교사직이었다. 아예 시각을 잃어 일반 교실에서 학업 수행이 힘든 3세 아이부터 초등학생까지는 시각 외의 다른 감각기관을 계발하기 위한 수업을 해줬다. 특히 세 살부터 다섯 살까지의 아이 중 형편이 어려워 부모가 유아원에 보내지 못하는 경우가 있었는데, 그럴 때는 아이의 발달이 늦어지기 때문에 국가에서 공립학교특별법을 제정해 무상 교육을 해주었다.

이 시기에는 다섯 개의 감각기관을 통해 모든 사물에 대해 배우는데 가장 중요한 시각이 없으니 청각, 촉각, 후각, 방향 감각 등을 계발해주는 교육과정을 짜야 했다. 하지만 내가 맡은 학생들은 시각이 없거나 약시라는 것 외에는 전혀 공통점이 없었다. 다시 말해, 완전히 개개인의 특수성과 능력에 맞게 개인 지도를 해야 했다. 한 아이가 세 살 때 등록하면 고등학교를 졸업할 때까지 그 아이를 지도하게 되니, 정말 자식을 기르는 심정으로 정성껏 지도할 수밖에 없었다.

한국과 마찬가지로 미국에도 선생님에게 감사를 표하는 날이 정해져 있는데, 내가 가르친 한 학생의 어머니는 매년 작은 인형이나 "#1 Teacher"라고 쓴 컵을 주어 지금까지도 그것을 보관하고 있다. 가끔 그것으로 옛 기억을 더듬어볼 때면 가슴이 벅차오르며 커다란 보람을 느낀다.

지도 학생 중에는 중복장애 아동도 있었고 정신지체 아동도 있었다. 나는 아이들을 직접 데리고 다니며 교내에서 식당, 화장실, 체육관에 가는 법과 학교 바깥에 있는 시설을 이용하는 법 등을 가르쳤다. 특히 체육관에서는 소리 나는 공을 사용해 소리를 듣고 따라가서 공 잡아오기, 공 던지고 차기, 기어오르기, 줄넘기, 잡아당기기 등을 지도했다.

점자를 배우기 위해 촉각을 발달시켜야 하는 학생들에게는 거칠고 뻣뻣한 재료부터 부드러운 촉감의 재료까지 다양한 재료로 사물을 만들어 그것의 이름과 느낌, 형태를 가르쳤고, 크고 작은 물건, 무겁고 가벼운 물건, 뜨겁고 찬 물건 등을 일일이 직접 만져보게 했다. 청각 계발을 위해서는 동물 소리, 가정에서 일어나는 다양한 소리, 다른 악기 소리, 교통수단에서 나는 소리 등을 듣게 하고 자신의 목소리도 녹음해서 들려주면서 익히도록 했다. 직접 책을 읽어주거나 도서관에서 오디오북을 빌려와 들려주면서 청각을 발달시키기 위해 노력했다. 후각 지도는 여러 음식의 냄새뿐 아니라 비누, 약품, 치약, 좋은 냄새, 나쁜 냄새, 독한 냄새, 가스 냄새 등을 구별할 수 있도록 했다. 이외에도 중학생 이상의 학생들에게는 타자 치기, 소리 나는 컴퓨터 사용하기, 소리 나는 계산기 사용하기, 펜을 잡고 자기 이름 사인하기, 손으로 간단한 것 조립하기 등도 지도했다.

내 임무 중 하나는 중고등학교 시각장애 학생들에게 지팡이 사용법을 개인 지도하는 것이었다. 교내나 운동장, 교외에서 길을 건너는 법, 겨울철에 인도와 차도의 눈길을 구분해 안전하게 인도로 올라오는 법, 일반버스를 이용하는 법, 식당 사용법, 간이식품점과 도서관 찾아가는 법 등을 그들에게 알려주었고, 대학 진학이 예정

된 학생에게는 해당 학교를 미리 함께 가서 구석구석 안내해주고 학교에 설치된 시설의 이용법을 일일이 지도해주었다.

시각장애인에게 방향 감각은 아주 중요하다. 가정이나 학교, 어느 공공기관이든 그들이 독립적으로 지팡이를 사용하거나 안내견의 도움을 받아 일반사회에 통합되어 사회인으로 떳떳하게 살아가기를 바란다. 때문에 나는 음식을 담은 접시 여러 개를 식탁 위에 놓고 그것을 활용해 12시 방향, 6시 방향, 3시 방향, 9시 방향 등을 구분해 가르쳤다. "물은 1시 방향에 있단다"라는 식으로 음식의 위치를 알려준 것이다.

사실 이런 모든 교육은 남편에게 조금이라도 도움이 되고자 한 것에서 시작되었다고 해도 과언이 아니다. 1968년 미국 펜실베이니아 주 정부에서 보행 지도 교사자격증을 받은 후 가장 먼저 도운 사람이 바로 지금의 남편, 당시에는 나와 친하게 지냈던 맹인 동생이었기 때문이다.

결혼 전 미국 유학을 끝내고 한국으로 돌아올 때, 그가 쓸 흰 지팡이를 선물로 사와서 연세대의 백양로, 교내 등에서 사용법을 지도해주었다. 결혼한 후에는 이사를 할 때마다 그가 편하게 생활할 수 있는 방법을 마련하기 위해 애썼다. 방 바닥에는 특수 카펫을 깔아놓아 그것을 따라가면서 식당과 부엌을 찾기 쉽게 했고, 냉장고 안에는 물이나 우유, 과일을 넣어두고 그것이 있는 곳을 알려주어 혼자서도 먹을 수 있도록 해주었다. 전자레인지 속에는 국과

밥, 반찬 등을 넣어두어 부득이 혼자 있을 때 버튼 하나만 눌러 따뜻한 식사를 할 수 있게 했다. 개인주택에 살 때에는 뒷마당에 밧줄을 매달아놓아 부엌문에서 그것을 잡고 마당에 나가서 운동한 후 다시 그 줄을 잡고 혼자 찾아올 수 있도록 했다.

이런 훈련을 꾸준히 한 결과, 이제 남편은 어느 맹인보다도 독립적으로 화장실이나 욕실, 거실, 서재 등을 오갈 수 있게 되었다. 또한 전화 받기, 우체통에서 편지 가져오기, 혼자 아래층에 내려가 운동 기계 사용하기, 아파트 앞에서 바깥 인도로 걸어나간 다음 한 시간 동안 걷다 혼자 문을 찾아 들어오기는 물론 혼자 국내외 비행기 여행까지도 가능해졌다.

그런 경험을 바탕으로 나는 이제 동료 교사는 물론 학생과 학부모 들에게까지 사랑으로 장애아동을 능력에 맞게 지도하는 교사로 인정받게 되었다. 그것은 내 교육법이 남달리 우수해서가 아니라 그들을 동정이나 멸시의 대상이 아닌, 존귀한 생명체로 인식하고 사랑을 베푸는 천성 때문이라고 믿는다. 피교육자가 사랑을 느낄 때 교육의 성과는 더욱 커진다.

ː 새로운 꿈과 희망이 되어준 만남

진실된 마음으로 사람들을 돕는 것이 꿈이었던 만큼, 교사란 일을 하면서 만난 사람들은 글자 그대로 '축복'이라 여겨질 만큼 항상 벅찬 감동과 보람을 안겨주었다. 비록 앞은 볼 수 없지만 눈이 아닌 다른 것으로 소중한 것을 구별해낼 줄 아는 사람들에게 큰 깨달음을 얻기도 했고, 모두가 재활이 불가능하다고 여긴 사람들을 도와 그들이 무언가를 해내는 모습을 지켜보며 천직에 대한 믿음을 다시금 되새기기도 했다.

언젠가 레지널 해럴드란 열 살 난 소년을 가르친 적이 있었다. 해럴드의 시력은 큰 물체의 형태 정도만을 인식할 수 있을 정도로 나빠서, 글씨가 큰 책도 읽을 수 없었다. 게다가 정신지체에 언어장애까지 중복장애를 갖고 있어서, 해럴드를 위한 교육과정에는 교사와 심리학자, 언어교정사, 특수교육 행정가, 물리치료사, 간호사와 보모 및 시각장애 순회 교사인 나까지 모두 참여해야 했다.

다른 전문가들은 해럴드가 점자를 배울 수 있는 가능성에 대해 비관적인 입장을 취했다. 나 또한 처음에는 과연 그것이 가능할지 의구심을 가졌지만, 인내와 사랑으로 가르친 끝에 결국 해럴드는 점자를 배우는 데 성공했다. 학교 동료들뿐 아니라 다른 사람들도 모두 놀랐고, 나 또한 중복장애아를 가르치는 보람을 다시 한 번 느꼈다.

이와 비슷한 사례가 또 하나 있었다. 우리 이웃집에는 예순이 넘은 한인 할머니가 사시는데, 5년 전부터 시력이 나빠져 겨우 터널 비전(tunnel vision, 터널 안에서 터널 입구를 보는 것처럼 시야가 좁아지는 현상)만 남아 일찍 은퇴할 수밖에 없었다. 할머니는 재활국에 등록, 정부에서 나온 선생님과 함께 수업을 하며 가능한 한 재활할 수 있는 모든 기능을 회복하려고 애쓰고 계시다 내게 상담을 요청하셔서 개인적으로 자원봉사를 했다. 처음 만났던 날, 할머니는 다음과 같이 말씀하셨다.

"내가 영어가 많이 부족해서 선생님들의 설명을 잘 이해할 수가 없어. 영어 점자라도 배워서 간단한 이름이나 전화번호 정도는 적을 수 있었으면 좋겠고, 쉬운 영어책 정도는 읽어가면서 공부하고 싶어요. 지도해주는 선생님은 이제는 촉각도 둔해졌으니 포기하라고 하시는데, 그러고 싶지가 않아요."

그야말로 배움에 대한 강한 열정을 가지셨지만, 기존 선생님의 방법으로는 효과를 거두기 어렵다는 것이 문제였다. 정부에서 배정해준 선생님에게 상황을 설명하고 내 경험을 토대로 할머니에게 글을 가르쳐드렸다. 다행히도 할머니는 열심히 따라와주셔서 금세 글을 익히셨고, 지금은 간단한 책까지 읽을 수 있게 되었다. 뿐만 아니라 집 안에서 편안하고 안전하게 다닐 수 있도록 보행 지도도 해드렸다. 남편에게 했던 것처럼 카펫을 이용해 방향을 잡는 방법을 알려드리기 위해 새 카펫을 사서 선물로 드렸더니 무척 고마워하셨다.

어느 날, 할머니 집에 있는 피아노를 보고 누가 치는 피아노냐고 여쭈었더니, "딸이 어렸을 때 내가 조금 쳤지요. 지금은 악보는 못 보지만, 소리는 듣고 익힐 수 있으니 개인 지도를 받으면 좋아하는 곡 몇 곡은 칠 수 있을 거예요"라고 말씀하셨다. 나는 "할머니, 열심히 연습해서 나중에 제가 미국 양로원에 봉사 활동을 갈때 꼭 함께 가셔서 쳐주세요"라고 했다. 내 말을 듣는 할머니의 얼굴에는 웃음이 가득했다. 할머니의 미소를 보며 그분이 꼭 열심히 연습하셔서 나와 함께 봉사 활동을 다니실 수 있게 되기를 진심으로 바랐다.

늘 그랬듯이 나는 남이 알아주지 않아도 사명감을 가지고 긍지와 보람을 느끼며 살았다. 교직자로서 장애를 가진 사람들을 돕고 가르치는 것이 나의 꿈이었고, 한 사람 한 사람을 만나는 모든 과정이 꿈을 이루어가는 여정이었기에 매 순간이 기쁨이고 축복이었다.

세.상.에.
소.중.하.지. 않.은.
꿈.은. 없.다.

: 결혼과 육아로 꿈을 포기하지 말라

2011년 1월 10일자 미주 한국일보에는 「여성의 소명은 무엇일까」라는 제목의 기사가 실렸다. 한인인 헬렌 이씨가 '슈퍼맘 신드롬'에 시달리는 여성들에게 어머니 역할과 자신의 인생에 대해 기독교적 시각에서 다시 한 번 고민해보게 하는 책 『미셔널 맘*The Missional Mom*』을 출간했다는 내용이었다.

'사명을 띤 어머니'를 뜻하는 타이틀과 '가정과 세상에서 목적을 갖고 살기'라는 부제를 단 이 책은 미국의 대표적인 기독교 출판사인 무디를 통해 나왔다. 책에는 이런 내용이 나온다.

"여성들에게는 많은 은사가 있다. 전문직업, 탤런트, 열정 등이 그것이다. 모성과 자녀 양육은 물론 중요하다. 하지만 그것만이 꼭 여성의 가장 높은 부르심일 필요는 없다."

그러면서 그녀는 "나도 어머니가 되면 모든 은사를 접어야 한다고 착각하고 일하는 것에 죄책감을 가진 적이 있다"고 고백한다. 그녀는 "어머니 역할을 평가절하하려는 게 아니라 아무도 도달 못할 목표인 '완벽한 엄마'가 되어 작은 일까지 잘하려고 하는 과정에서 늘 탈진해 있는 것이 문제"임을 지적한다. 또한 그녀는 책을 통해서 여성들에게 "자녀양육 외에도 보람 있는 일을 찾기 위해 은사를 계발하고, 자기 열정에 귀 기울이라"고 권유했다.

나는 여성이 결혼과 육아 때문에 자신의 꿈을 포기해야 하는 것은 아니라고 말하고 싶다. 하지만 "자녀양육 외에도 보람 있는 일을 찾기 위해 은사를 계발하고, 자기 열정에 귀 기울이라"는 그녀의 이야기에는 선뜻 찬성할 수 없다. 일단 결혼을 해서 자식을 낳아 엄마가 됐으면 어린 생명을 잘 양육하는 것이 어머니에게 주어진 첫번째 사명이라고 생각하기 때문이다. 그것은 세상 무엇과도 비교할 수 없는 가장 고귀한 축복이자 엄마의 특권이다. 물론 그러기 위해서는 아빠의 절대적인 지원과 조부모의 도움, 제도와 시설 등의 사회적 뒷받침이 필요하다.

요즘은 현실적인 이유로 자녀를 낳지 않는 부부가 늘고 있고, 태어나는 아이들의 숫자 역시 자연히 줄어 내년부터는 문을 닫는 학교도 생긴다고 한다. 『미셔널 맘』은 여러 면에서 이 시대의 많은 고학력 여성들의 고민을 대변하고 있는 듯했다. 책을 읽으면서 가만히 생각을 정리해보니, 여성들이 '완벽한' 인간상에서 벗어나 스트레스를 떨쳐버리는 것이 최우선시되어야 한다는 생각이 들었다.

세상에 완벽한 사람은 아무도 없다. 완벽한 엄마, 완벽한 아버지, 완벽한 아내, 완벽한 남편은 있을 수 없다. 완벽을 추구하면 할수록 스트레스를 받는 것은 당연하다. 우리 모두 어딘가 조금씩 부족한 사람이기 때문이다. 내 앞에 놓인 현실, 내가 선택한 위치에서 내게 주어진 역할이 무엇이든 그것에 최선을 다하면 된다. 그 중에서도 남녀가 결혼해서 자식을 낳는 것은 인류의 번영을 위한, 가장 기본적이고 고귀한 창조주로부터 받은 여성 본연의 임무라고 믿는다. 그것을 잘 감당해내기 위해 최선을 다하려는 마음가짐을 갖춰야 발전이 있으며, 받은 바 은혜를 헤아려 감사하는 마음을 가질 때만이 진정으로 행복한 가정을 이루어갈 수 있다.

요즘은 가정에서 아내가 맡아야 할 역할에 대해서뿐만 아니라 어린이에서 어른에 이르기까지 모두가 '모든 분야에서 다른 사람과 경쟁해서 1등이 되어야 한다'고 말하는 것 같다. 그것은 모든 역할 중 단 하나도 이루지 못하게 하고 스트레스만 가중시킬 뿐이라고 말해주고 싶다. 그 점에서 2004년 유엔인간개발보고서에 따라 조선일보에서 기록한 「여성을 읽어야 한국이 보인다―밸런스

족의 등장」이란 기사는 오늘날 여성들이 일과 가정 사이에서 점점 더 현명해지고 있다는 방증 같아 다행스럽다.

결혼과 일. 사실 이 두 마리 토끼를 동시에 잡는 것은 2030세대 여성들에게는 당연한 것이다. (중략) 한국사회에서 여성이 결혼과 일을 동시에 인생 계획으로 넣고 있는 셈이다. 이들 2030 여성들의 최우선 가치는 '가정'이나 '성공' 대신 '행복'과 '자기만족'으로 나타났다. 남편, 자식을 위해 자신의 일과 자부심을 포기하지 않고, 또 직장에서의 성공을 위해 가족이 주는 행복과 만족감을 맞바꾸지 않는 '밸런스족(族)'의 등장인 셈이다.

회사원 김인숙(34)씨는 "앞서 간 여자 선배들은 우리 세대가 성공이나 사회적 역할에 대해 덜 '전투적'이라고 불평하지만, 적당히 싸우고 적절하게 포기하면서 가정과 일 사이에서 균형을 잡는 우리 세대가 더 현명한 것이 아니겠느냐"고 했다. (중략)

미현 "저희 세대도 고민이 있어요. 갈수록 경쟁은 치열해지는데, 일을 하며 출산·육아를 함께 하는 것은 힘든 일이에요. 그렇더라도 아이와 함께할 수 있는 행복을 포기하지는 않을 거예요. 인생에서 하나를 위해 다른 하나를 희생하는 건 가슴 아픈 일이잖아요. 치열함이 사라졌다기보다는, 균형잡힌 인생을 살기 위해 노력하는 걸로 봐주셨으면 해요."

여성의 꿈은 결혼과 육아 때문에 포기해야 하는 것이 아니다. 나는 남편의 지지와 아이들의 응원 덕분에 어릴 적부터 꿔온 꿈을 이룰 수 있었다. 꿈은, 그것을 가슴속에 품고 이루기 위해 끝없이 노력하는 자의 것이다. 그것은 환경 조건이나 상황에 구애받는 것이 아니라, 충만한 은혜와 축복 속에서 자연스럽게 인도받아 나아가는 것이다.

： 꿈을 이룬 아름다운 여성들

2005년 10월 14일, 워싱턴의 백악관 옆에 '아름다운 거리(The Extra Mile)'가 생겼다. 이는 성경의 "5리를 가자면 10리를 가주어라. 겉옷을 달라면 속옷까지 주어라"는 이웃사랑 실천에서 따온 이름으로 "섬김과 봉사를 실천하여 아름다운 세상을 만들겠다"는 의미를 담고 있다.

이 거리에는 인류 복지에 공헌한 70여 명 중 30여 명의 얼굴이 메달처럼 조각되어 간단한 이력과 함께 새겨져 있다. 젊은이들에게 롤모델을 제시하고, 그들의 지도력과 박애 정신, 숭고한 이념을 전하는 것이 그 목적이다. 특별히 그중에서도 몇몇 훌륭한 여성에 대해 소개하고 싶다.

1. 클라라 바턴

미국적십자사를 창설한 클라라 바턴은 남북전쟁 당시 병참학자이자 간호사로 인도주의자였다. 전쟁희생자를 돕던 그녀는 국적과 종교, 민족을 초월해 이웃의 아픔에 공감하는 적십자정신에 매료되어 미국에 적십자사를 창설했다. 현재 미국적십자사는 8개의 지역 센터와 2200개 지방 본부를 가진 기관으로 성장했다. 미국뿐만 아니라 전 세계의 많은 국가들도 적십자사 활동을 전개하고 있다. 나도 대학 1학년 때 대한적십자사 서울지부 청년봉사회에 가입해 활동했으며, 1961년에는 부회장으로 맹인 돕기 운동을 이끌기도 했다.

2. 제인 애덤스

제인 애덤스는 부잣집 딸로 태어나 의대에서 공부하던 중 척추 장애로 학업을 포기하게 된다. 그 후 영국으로 여행을 떠났다가 그곳의 빈민촌을 보고 큰 충격을 받아 부모가 물려준 전 재산으로 가난한 청소년의 집을 지어 교육하고, 그들이 자립할 수 있도록 돕기 시작했다. 1889년에 시카고에 미국 최초의 빈민 복지기관인 '헐하우스(Hull House)'를 지었다. 이것이 전국으로 확산되어 수백 개의 지역 봉사기관이 설립되었다. 여성의 권익 보호를 위해서, 또 평화주의자로 일한 것을 인정받아 1931년 노벨평화상을 받았다.

3. 수전 앤서니

초등학교 교사였던 수전 앤서니는 선거철이 다가오자 학생들에게 "왜 선생님은 투표를 못 해요?"라는 질문을 들었다. 이를 계기로, 그녀는 여성도 인간존엄성에 근거하여 참정권을 인정받아야 한다고 생각해 투쟁을 시작했다. 여성참정권 운동에 쏟은 그녀의 노력은 사망 후 14년이 지난 1920년 8월에 마침내 결실을 맺었으며, 미국의회는 그녀의 공적을 기려 이를 '수전 앤서니 수정헌법'이라고 부른다.

4. 유니스 케네디 슈라이버

존 F. 케네디 대통령의 누이인 유니스 케네디 슈라이버는 정신지체인 언니 로즈메리 케네디를 특별한 관심과 애정으로 돌봐주다가 장애인의 권익과 평등을 지켜주기 위한 프로그램을 개발한 사회사업가다. 장애인 후원 사업을 위해 적극적으로 활동해 1968년에 창설한 정신지체장애인 특수올림픽(스페셜올림픽)은 오늘날까지 전 세계적으로 매년 열리고 있다.

5. 헬렌 켈러

『타임』지가 선정한 '20세기의 인물 200명'에 포함되었다. 시각과 청각, 언어 장애라는 삼중장애를 지녔으나, 설리번 선생님의 헌신적인 사랑과 지도로, 또 자신의 강한 의지로 기적처럼 장애를 이겨냈다. 맹농교육자이자 저술가였던 그녀는 강연을 통해 전 세계의 장애인뿐 아니라 만민에게 '믿음 안에서 불가능은 없다'는 것을 보여준 산표본이 되었다.

이들은 모두 타인의 아픔에 공감할 줄 알고 이를 실천해 아름다운 세상을 만들어가는 데 헌신했다. '공감하는 마음'은 여성의 고유한 덕목이자, 21세기를 살아가는 리더의 필수 덕목이다. 남의 고통을 이해하지 못하고서는 아름다운 세상을 만들어 다 함께 건전하고 행복한 사회를 살아갈 수도, 국가의 지도자가 될 수도 없다. 이러한 덕목은 얼마든지 배울 수 있기에, 그것이 내 것이 되도록 연습하고 실천해야 한다. 생각이 행동을 변화시키고 행동이 반복되면 습관이 되며, 그 습관이 내 가치관이 되어 인격을 형성한다.

2004년 한국기독교출판문화협회에서 대상을 받으며 베스트셀러가 된 남편의 저서 『도전과 기회 3C 혁명』에 소개되었던 '3C 혁명'은 젊은 지도층에게 선풍적인 인기를 끌었다. 21세기의 참지도자는 섬기는 지도자가 되어야 한다. 그러기 위해 갖춰야 할 덕목이 바로 3C다. 첫번째 C는 'Competence' 즉 '실력'을 뜻하고, 두번째 C는 'Character' 즉 '인격'을, 마지막 C는 'Commitment' 즉 '헌신'을 뜻한다. 이를 다시 풀어 말하면 다음과 같다.

실력을 갖춘 사람은 게으름 피우지 않고 집중해서 시간을 잘 관리함으로써 하나님이 주신 기본 능력을 최대한 계발하는 사람이다. 인격을 갖춘 사람은 계명을 충실하게 지켜 하나님과의 관계를 잘해 대인관계에서도 탁월한 성품을 보여주는 사람이다. 헌신의 자세를 갖춘 사람은 이웃을 위한 사랑 실천의 계명을 잘 지켜서 이 세상을 평화롭게 건설하는 참리더가 될 수 있다. 예수님의 가르침 중에도 "너희 중에 누구든지 높은 사람이 되고자 하면 먼저 남을 섬기는 자가 되어야 하고 으뜸이 되고자 하는 자는 모든 사람의 종이 되어야 한다"는 것이 있지 않은가.

흔히들 21세기는 '여성의 시대'라고 한다. 창의성과 창조력이 개인과 조직의 발전, 지역사회와 국가 번영의 가장 중요한 요소가 되는 21세기에, 섬세한 관찰력과 예리한 직관력, 따뜻한 감성을 지닌 여성의 역할이 더욱 중요시된다. 여성들은 이러한 시대 변화의 흐름을 면밀히 읽고 스스로 역량을 키워나가며, 정보화 시대에 맞는 새로운 패러다임으로 다가오는 미래사회를 준비해야 할 것이다.

지.혜.로.운. 아.내.
현.명.한.
엄.마.를. 위.해.

돕는 배필

성경을 보면 여호와 하나님이 아담, 즉 남성을 먼저 지으시고 그를 돕는 배필로 여성을 지으셨다고 한다. 오랜 세월 동서양을 막론하고 여성은 남편을 돕고 자녀를 출산하고 양육하며 가사에만 전념했다. 그것이 한국에서 남편을 '바깥사람', 아내를 '집사람'이라고 불렀던 이유이기도 하다.

그러나 문명이 발달하면서 오늘날 여성은 법에 의해 남성과 평등한 권리를 보장받게 되었다. 이제 여성도 개인의 능력을 인정받고 교육받을 기회를 보장받아 무엇이든 자유롭게 할 수 있게 되었다. 군인, 우주인, 건축가, 대법관, 대통령 등 분야를 막론하고 각 계에서 여성전문가가 지도자 대열에 당당하게 동참하고 있다.

남존여비 사상이 허물어져가는 것은 바람직한 흐름이다. 그러나 남성과 여성이 생리적으로 그 구조가 다르고 정서적으로 다르게 창조된 것은 그 누구도 바꿀 수 없는 엄연한 사실이다. 특히 여성만이 가진 역할, 즉 여성의 몸을 통해 인류의 자손이 출생된다는 사실은 변하지 않는다. 생명을 잘 양육하려는 특수호르몬 때문에 여성에게는 남성이 따라올 수 없는 독특한 덕목과 고귀한 가치가 있다. "여성은 약하나 어머니는 강하다"는 말도 이러한 여성 고유의 능력을 잘 대변한다. 여성은 여자로 태어난 것, 특히 어머니가 되는 것에 자긍심을 갖고 인류 번영과 발전이라는 큰 사명을 기쁘게 받아들여야 한다.

교육심리 연구에 따르면, 여성은 남성보다 정의적 영역이 더 높아 따뜻한 가슴으로 포용하고 인내하며, 사랑을 실천하고 용서하는 데 뛰어나다고 한다. 그렇기에 여성은 가정을 행복한 보금자리로 창조해나갈 수 있다. 물론 여기에는 끊임없는 인내와 노력이 필요하다.

하루는 큰며느리가 성격이 급한 아들 때문에 힘들다는 고충을 토로해왔다. 그때, 얼마 전 읽었던 글이 언뜻 떠올라 영어로 위로의 말을 전했다.

"Your everlasting patience will be rewarded sooner or later."

즉, 끝까지 참고 노력하면 좋은 보상이 곧, 혹은 나중에라도 반드시 주어질 것이라는 뜻이었다. 며느리는 "그 보상이 빨리 왔으면 좋겠어요"라고 말했다. 그 순간 성령님께서 지혜를 주셔서 나는 이렇게 대답해주었다.

"Later one will be greater."

늦게 받는 보상이 더 클 것이니 조금만 참으라고 하니 그제야 며느리는 고개를 끄덕이며 마음을 가라앉혔다. 나는 그 후 현명한 시어머니로 인정받아 다른 젊은 엄마들에게도 이 말을 자주 해준다. 덧붙여 '3P(Praise the Lord, Pray to the Lord and be Patience)'에 대해서도 이야기한다. 즉, 주를 찬양하고 기도하고 인내하면 분명 주님의 때에 큰 보상이 있을 것이라고 말이다.

행복은 내가 창조해나가는 것이다. 밖에서 내 안으로 들어오는 것이 아니라, 내 안에서 주어진 모든 상황을 감사로 받아들일 때 찾아온다. 젊은 시절 많은 어려움을 겪었지만, 항상 그것이 나를 향상시키는 기회라고 생각했다. 때문에 그것을 이겨내고 성취해야 한다는 희망을 갖고 긍정적인 태도로 도전하니 나도 모르게 힘이 솟아나곤 했다. 그 시련을 누구보다 잘 견뎌냈기에 노년이 된 지금, 많은 축복을 받고 있는 것이라 생각한다.

: 현명한 아내가 되는 법

교사로서 월급을 받은 28년간, 한 번도 내 마음대로 돈을 써본 적이 없다. 월급을 타면 항상 저금통에 넣고 생활비와 기타 잡비는 반드시 남편에게 허락을 받고 타서 썼다. 한국에서는 남편이 월급 봉투를 받아 아내에게 주고 용돈을 타 쓴다고 하는데, 우리 집은 반대다.

어떻게 앞을 못 보는 남편이 돈관리를 할 수 있었을까? 이 순진한 아내는 돈과 관련된 기록을 남편에게 하나하나 다 읽어준다. 수중에 현금 100달러도 없었다면 누가 믿기나 할까. 더구나 맹인 남편에게 전부 맡겼다고 하면 모두가 신기해한다. 나는 원래 돈 욕심이 없었고 남편이 가정을 위해 저축하고 자녀양육비로 쓰자니 그렇게 한 것이다.

그런데 두 아들의 결혼 준비를 하면서 마음이 조금 달라졌다. 엄마로서 내 마음대로 선물도 사주고 준비도 해주고 싶은데 일일이 남편에게 보고하고 허락받아야 하니 참으로 불편했다. 그래서 남편에게 2년간 내 월급을 생활비에 넣지 않고 개인 통장에 넣고 쓰겠다고 제안했다. 남편은 심하게 반대했다. 기분이 상해서 "내가 세 살배기 아이인가요? 이번만큼은 내 뜻대로 하고 싶어요"라고 말하며 부부싸움을 하고는 처음으로 내 고집을 밀고 나갔다.

그렇게 모은 돈으로 두 며느리의 진주 목걸이와 반지, 귀걸이 세트, 6명의 한복을 한국에서 주문했다. 두 아들의 예복도 사주었다. 결혼식 후 시내를 한 바퀴 도는 특별택시도 대절해주고, 결혼식 전에 온 가족이 모여 다양한 분위기로 가족사진도 찍었다. 작은아들 결혼식 후에는 우리 내외의 유럽 관광 티켓비를 내가 지불했다. 결혼생활을 통틀어 처음으로 5만 달러에 이르는 많은 돈을 써봤다. 요즘은 매달 받는 은퇴금과 사회보장금으로 생활하는데, 내가 필요한 것을 자유롭게 쓸 수 있도록 남편과 협의를 해서 지금은 아주 부자가 된 느낌이다.

39년 동안 두 아들을 키우고 남편을 섬기며 살아왔지만, 나는 후회하지 않는다. 가계에 관한 이야기나 고생하며 아이들을 키운 이야기를 하면 많은 사람들이 답답하지 않았냐고 묻는다. 하지만 지금도 여전히 나의 꿈을 포기하지 않고 이루어가고 있으며, 여성으로서 가정에서 할 수 있는 가장 소중한 역할을 해냈다는 것에 큰 감사와 자부심을 느낀다.

열 살 때부터 교회에 다니기 시작해, 늘 성경 말씀을 읽고, 들으며 그 영향을 많이 받았다. 특히 여성, 아내 들에게 지침이 되는 글을 많이 읽었는데 지금도 두 며느리에게 이 글들을 읽어주며 잘 따르라고 이야기해주곤 한다.

❋ 지혜로운 여인은 자기 집을 세우되 미련한 여인은 자기 손으로 그것을 허느니라. (잠언 14장 1절)

✻ 다투는 여인과 함께 큰 집에서 사는 것보다 움막에서 사는 것이 나으니라. (잠언 21장 9절)

✻ 어진 여인은 그 지아비의 면류관이나 욕을 끼치는 여인은 그 지아비의 뼈가 썩음 같게 하느니라. (잠언 12장 4절)

나는 여성의 역할에 대한 근본적인 지침을 성경에서 얻는다. 하나님은 우리가 행복하고 보람된 삶을 살 수 있는 방법을 성경에 기록해주셨다. 하나님은 질서의 하나님이셔서 남자를 여자의 머리로 지으셨고 여자에게는 남자에게 영향을 끼칠 힘을 주셨다. 남자가 여자의 머리지만 그 머리 된 남자에게 영향력을 끼치는 사람은 아내이다. 인류의 조상인 아담에게 하와가 선악과를 따먹도록 해 모든 인류가 타락하게 된 것처럼 말이다. 그 후로 여자의 영향력은 '악한 영향력'이 되었다. 그러나 하나님께서는 여자에게 주신 영향력을 주님의 말씀 안에서 '선한 영향력'으로 바꾸는 길을 가르쳐주셨다. 그것이 바로 '돕는 배필'의 역할이다.

이 세상을 살아가는 우리는, 조상들이 그랬던 것처럼 사탄의 거짓말에 속아 하나님의 진리를 믿지 않고 세상의 가치관에 많은 영향을 받는다. 하나님의 진리의 말씀과 사탄의 거짓말 중 어느 것을 따르느냐는 우리의 선택이다. 우리가 올바른 선택을 하면 잠언 31장 28~29절의 "그의 자식들은 일어나 감사하며 그의 남편은 칭찬하기를 덕행 있는 여자가 많으나 그대는 모든 여자보다 뛰어나다

하느니라"라는 말씀처럼 자식과 남편 그리고 무엇보다 하나님께 칭찬받는 여인이 될 것이다.

'돕는 배필'이란 영어로 표현하면 'suitable helper'다. 돕는 배필로서의 여자의 역할이 없으면 남자 혼자서는 온전해질 수 없다는 뜻이다. 즉, 돕는 배필로서 여자의 역할은 있어도 좋고 없어도 좋은 것이 아니다. 그것이 뒷받침되지 못하면 남자의 역할이 완성될 수 없다.

여기서 주목해야 할 것은, 하나님께서 아내를 창조하실 때 '여자'로 먼저 지으셨다는 것이다. 그다음에 아내가 되었고, 그다음에 어머니가 되었다. 이 순서는 평범한 듯하지만 참으로 중요하다. 많은 여성이 어머니의 역할에 치중한 나머지 여자의 역할을 잊어버리고 아내의 역할도 등한시하기 때문이다.

창세기 1장 27절을 보면 "하나님이 자기 형상 곧 하나님의 형상대로 사람을 창조하시되 남자와 여자를 창조하시고, 하나님이 그들에게 복을 주시며"라고 했다. 하나님께서 주시는 복을 남녀가 함께 받았음을 알 수 있다. 그러니 남녀는 영적으로 동등하게 지음을 받은 것이다.

그러나 기능상, 역할상 여자에게는 순복해야 함을 일러주셨다. 하나님은 질서를 세워 행복한 가정을 이루어가기를 원하시기 때문이다. 아내는 순복하되 동격의 위치에서 자신의 의견을 남편에게 얼마든지 이야기할 수 있다. 우선 자신의 의견을 제시한 후에는 어느 쪽으로 결정이 나든지 순복하는 자세로 기다리는 것이 현명한 아내의 역할이라는 뜻이다.

: 감사하고 기도하는 엄마 되기

나는 어릴 적부터 품었던 꿈에 다시 도전하기 전에 여성으로서, 어머니로서의 사명을 먼저 감당해내기 위해 노력했다. 감히 그것을 꿈을 이루기 위한 든든한 바탕을 만든 것이라고 말하고 싶다.

많은 사람들이 "자녀양육과 교육에 성공했다"며 부러워하며 그 비결을 묻는다. 하지만 어떤 특별한 방법이 있었던 것은 아니다. 그저 자녀교육이 성공적이기 위해서는 아이들이 타고난 재능과 은사를 잘 계발하게 도와주고, 다른 사람과 비교하지 않고 각자가 최선을 다하는 삶을 살게 해줘야 한다고 생각했기에 그것을 실천했을 뿐이다. 나는 아이들이 '항상 자신에게 주어진 모든 환경에 감사하면서 사회와 국가, 세계평화를 위해 소중한 사람이 되도록' 늘 기도했다.

아프리카의 성자로 알려진 슈바이처 박사에게 어떤 사람이 물었다.

"박사님, 성공적인 자녀교육이란 어떻게 하는 것입니까?"

그러자 그는 간단하게 대답했다.

"첫째도 본보기요, 둘째도 본보기요, 셋째도 본보기다."

자녀는 그 가정의 거울과 같다. 그들은 부모가 여러 가지 난관을 이기고 또 정직하고 성실하게 살면서 성공해나가는 모습을 보고, 듣고, 체험하면서 배운다.

우리 부부는 늘 긍정적인 태도를 유지하기 위해 애썼고, 어떠한 힘든 상황에서도 포기하지 않았고 자신을 발전시켜나가는 모습을 아이들에게 보여주었다. 자녀교육에서 중요한 것은 '무엇을 어떻게 가르치는가'가 아닌, '무엇을 보고 배우는가'라고 믿는다. 때문에 장애를 가진 아버지로 인해 아이들이 낙심하게 하기보다는, 아버지가 실명이라는 절망과 고통을 어떻게 이겨내고 인생에서 승리할 수 있었는지 그 과정에서 터득한 경험을 자녀양육에 적용했다.

남편은 사고로 두 눈을 잃었고 부모를 잃고 고아가 되었다. 누나의 죽음을 겪었고 두 동생을 보살펴야 하는, 맹인 소년가장이라는 역할을 감당해야 했다. 남편은 그러한 자신의 삶 속에서 하나님의 섭리를 발견했다.

성경에서 가장 큰 전도자의 역할을 감당한 사도 바울 또한 불치병을 앓으며 하나님께 매달렸지만 결국 고침을 받지 못했다. 그럼에도 그는 원망이나 불평을 하지 않았고 오히려 더욱 하나님을 경외하는 놀라운 믿음을 보여주었다. "받은 바 은혜를 헤아려 감사한다"고 고백할 정도로 수준 높은 신앙심을 가진 그는 "내 은혜가 네게 족하도다. 내 능력이 약한 데서 온전하여짐이라"는 하나님의 말씀에 순종하고 자신의 약점을 긍정적으로 받아들였다.

남편 역시 사도 바울처럼 자신이 처한 상황을 지혜롭게 받아들이기를 간절히 바라며 기도했다. "한 가지를 잃은 것에 불평하지 않고 헬렌 켈러를 생각하면서 들을 수 있고, 말할 수 있고, 걸을 수 있고, 만질 수 있는 감각이 남아 있고, 기억할 수 있고, 건강하고, 생각할 수 있는 머리를 주신 것에 감사할 수 있도록 해주십시오." 실제로 남편은 그런 모습을 보여주며 아버지로서의 역할도 매우 훌륭히 해냈다.

작은 것 하나하나에 감사해가기 시작하니 매일 감사할 것이 넘쳤다. 그것을 통해 더 많은 것을 깨닫고 투쟁하여 목표한 바를 하나씩 이루어나가는 기쁨과 보람은 더욱 값졌고, 그것을 곁에서 그대로 보고 자란 아이들은 우리를 롤모델로 삼았다. 그들에게는 우리의 생활은 다른 무엇이 대신할 수 없는, 가장 값진 가정교육이 되었다.

많은 이들이 오늘날 진석이와 진영이를 보며 '성공한 사람'이라고 하지만, 나는 아직도 아이들이 완전히 성공했다고 생각하지 않는다. 이제 삼십대를 지나는 아이들은 자신에게 주어진 삶에 최선을 다하는 과정에 있기 때문이다. 아직 해야 할 일도 많고, 또 거쳐가야 할 미래의 장벽도 남아 있다. 물론 내 아들들은 저마다 목표한 바를 성취하고, 장애물을 만나도 그때마다 지혜롭게 잘 헤쳐나갈 것이다. 말년에 이르러 자신이 살면서 무엇을 남겼는지, 하나님이 주신 모든 축복을 어떻게 이웃과 나누며 살았는지, 하나님 앞에서 판단받는 자리에서야 비로소 아이들의 삶이 진정으로 성공한 것인지 아닌지 밝혀질 것이다. 바로 그때, 그들의 삶이 진정 아름답고 성공적이었노라는 평을 받는 것, 그것이 내가 여성으로서 또 그들의 어미로서 마지막으로 하는 양육의 기도다.

자녀를 위해 기도하기

—작자 미상

내가 다시 아이를 기르게 된다면
그들의 버릇을 고쳐놓으려고 애쓰기보다
내가 그들의 모범이 되는 일에 마음을 쏟으리라
그들의 습관과 행동을 고치는 일에 시간을 빼앗기기보다는
내 마음을 넓히는 일에 시간을 쓰리라
그들을 꾸지람하고 야단치는 일에 마음을 쏟기보다는
더 많이 성경 이야기를 들려주리라

내가 다시 아이들을 기르게 된다면
잔소리로 그들의 마음을 박박 긁어놓기보다
그들을 위해 기도하리라
간섭하고 끼어들어 그들의 마음과 생각을 흐트러뜨리기보다

그들을 하나님께 내맡기리라

내가 다시 아이들을 기르게 된다면
찬양 소리로 그들의 아침을 깨우리라
하루를 마감하는 기도의 소리로 잠들게 하리라
내게 다시 기회가 주어진다면 더 많이 기도하리라
기도하리라 눈물의 기도를 가진 어머니를 둔 자녀는 망하지 않기
에……

그러나 내게 기회가 주어지지 않는다 할지라도
나는 여전히 기도하리라
그들을 위해 무릎을 꿇으리라
기도로 나의 과오를 씻어내리라
그들의 상처를 감싸주리라
기도로 그들의 세계를 밝게 열어주리라
기도는 그들을 완전하신 참아버지 하나님께로 인도할 수 있기
에……

3부

행복한 노후,
새로운 시작

나이 들면서 가족과 이웃 들에게 고마운 마음을 일구고, 함께 미소 지으며 살아갈 수 있다는 것은 정말 기쁘고 다행한 일이다. 어쩌다 이런 행운과 함께 늙고 있는지, 그저 감사할 따름이다. 이제는 어느 집단에서나 작은 밀알이 되어 행복하고 따뜻한 세상을 만드는 데 조금이나마 동참하고 싶다. 베푸는 삶이 복된 것임을 깨닫고 받는 축복, 누리는 축복보다 더 값진, 베푸는 축복을 실천하며 살고 싶다.

엄.마.
역.할.에.서.
은.퇴.하.다.

: 품 안의 아이들을 떠나보내다

2002년 5월 4일과 6월 15일, 두 아들이 한 달 간격으로 결혼을 했다. 엄마로서 양육에 대한 책임도 그제야 비로소 끝이 났다. 나는 두 아들이 각자 선택한 새 삶에 하나님의 축복이 임해주시기를 기도하면서 그들을 보냈다. 기쁘기도 하고 대견하기도 하면서도 한편으로는 살짝 서운한 이 어미의 심정을 아이들이 알았을까. 이제 내 품을 떠난 새끼들이 날개를 펴고 날아간 텅 빈 새집에 홀로 남은 어미 새의 모습과 같은 심정을……

두 아들의 결혼식이 끝난 후, 한 가지 부탁을 했다. 큰아들에게는 "너는 토요일마다 엄마에게 안부전화를 해주렴"이라고 했고, 작은아들에게는 "너는 일요일에 엄마에게 안부전화를 해줘. 만약 엄마가 전화를 안 받으면 음성메시지라도 남겨주렴. 그러면 너희를 떠나보낸 허전함에 큰 기쁨이 될 거야"라고 말했다.

익숙지 않은 일이라 처음엔 둘다 잊어버리곤 했지만, 이내 아이들은 내 부탁을 잊지 않고 들어주었다. 이제, 큰아들은 아이들을 기르느라 바쁜 데다 1주일에 사나흘은 손주들을 돌봐주러 가니 따로 전화할 필요가 없어졌다. 작은아들은 일이 바빠 때로는 밤 열두 시에, 때로는 새벽에 퇴근을 하니 한 달에 한 번 정도 온 가족이 모일 때만 얼굴을 볼 수 있지만, 지금도 일요일이면 꼬박꼬박 잊지 않고 안부전화를 해주어 내게 기쁨을 준다.

두 아들에게 조금이라도 걱정을 끼치고 싶지 않다. 엄마의 건강한 모습, 열심히 살아가는 모습, 행복하게 신앙생활하는 모습을 보여주고 싶고, 절대 엄마를 부담스러워하지 않길 바란다. 노후 또한 내가 책임지겠다고 생각한다. 미국에는 노후 관리를 위한 여러 제도가 잘되어 있기 때문에, 연금과 사회보장금을 잘 모아두었다가 나중에는 시설에서 노후를 보내려고 한다.

어머니 또한 아흔이 되셨는데 일흔이 된 내가 모시고 살 수가 없어 가까운 양로원에 모셨다. 나는 그것이 불효라고 생각지 않는다. 나도 더 약해지면 양로원에 갈 생각이다. 요즘 한국에서는 "팔팔하게 살다가 이삼 일 아프고 99세에 죽자"는 의미의 "구구팔팔이

삼사"라는 재미있는 말이 유행이라는데, 그러려면 무엇보다 건강 관리가 우선되어야 할 것이다. 하지만 사람의 앞일이란 알 수 없으니 지금부터라도 마음의 준비를 단단히 하고 범사에 감사하는 마음으로 살고자 노력한다.

'아이들에게 무엇을 남겨줄 수 있을까'를 궁리하다 보면 물질적인 유산이나 다른 어떤 것보다도 신앙의 유산을 남겨주는 것이 최고일 것이라는 생각이 든다. 그래서 시간이 날 때마다 영어 성경의 잠언을 펜으로 써서 한 권의 책으로 만들었다. 두 아들을 양육할때, 한영 성경으로 아이들과 잠언을 함께 읽던 때를 추억하면서…… 이제는 신약도 쓰고 시편도 쓴다. 몇 년 전부터 시작한 일인데 그간 손놀림도 변하고 그에 따라 필체도 바뀌어가 더 예쁘게 쓰려고 노력한다. 언젠가 이 책을 두 아들에게 선물하겠다는 생각으로 한 글자 한 글자 정성을 기울여 쓴다.

이제 내 품을 떠난 두 아들에게 때때로 서운하지만, 지난 세월을 돌이켜볼 때 그저 감사한 마음은 표현하기조차 어렵다. 더욱이 두 아들이 행복한 가정을 이루며 사는 모습은 나를 가장 기쁘게 한다.

: 아이들의 눈에 비친 엄마의 모습

언젠가 두 아들은 아버지의 책에서 나에 대해 쓴 적이 있다. 그

글은 운동화를 신고 뛰어다니며 두 아들을 위해 희생한, 지난 시간을 기쁨과 감사로 바꾸어놓았다. 다음은 큰아들 진석이가 나에 대해 쓴 글이다.

저는 어린 시절부터 오늘에 이르기까지 참으로 많은 것을 성취해왔습니다. 분명한 비전과 목표를 성취했다는 증거는 졸업장, 임명장, 수많은 라이선스 등으로 기록이 가능하겠지요. 하지만 저는 이렇게 자격증이나 공로장으로 서류화할 수 없는, 인생에서 아주 소중한 것들도 많이 배웠습니다. 무엇보다 저에게 참된 의미를 가져다준 것은 제가 성취해내고 성공을 했다는 사실보다도, 그 하나하나를 성취해가는 과정에서 열심히 노력하고, 시행착오와 난관, 그리고 실패를 경험하면서 느끼고 배우고 깨달은 것들이었습니다. 그것이 지금 저에게 훨씬 더 중요한 교훈이 되고 있습니다.

이렇게 성취나 성공 자체보다 더 중요한 의미를 지니고 제 삶에 영향을 미친 인생의 소중한 교훈들을, 저는 제 어머니로부터 직간접으로 배웠습니다.

제 아버지는 맹인이십니다. 아버지는 운전도 못하고 야구도 함께 할 수 없는 분이셨지요. 그런 아버지를 불평하던 시절에 어머니는 저의 눈을 수건으로 가리고 식사도 하고, 보행도 해보도록 시켰습니다. 그런 경험을 통해 저는 두 눈을 가지고 볼 수 있다는 사실에 감사하게 되었으며, 맹인인 아버지 입장에서 사물을 보고, 판단하고,

이해하는 새로운 시각과 관점을 가지게 되었습니다. 그렇게 보는 세상과 미래는 정말 새로운 것이었습니다.

또한 어머니는 우리 형제에게 친절과 공감하는 마음, 남을 이해하고 희생하는 마음을 어릴 때부터 가르쳐주셨습니다. 그리고 친절과 남을 돕는 마음은 성공이나 성취보다 먼저이고 더 위에 있다는 것을 의도적으로 교육하셨습니다. 어머니는 저희에게 항상 '성공한 사람보다는 어디에서나 소중한 사람이 돼야 한다'고 가르치셨지요. 어머니는 시각장애 학생들을 인내와 헌신으로 가르치고 지도하는 교사로서 그런 본보기가 되어주셨습니다.

저는 아버지처럼 앞이 보이지 않는 사람들을 돕는 안과의사가 되었습니다. 그래서 수술 후에 보지 못했던 환자가 즉각 시력을 회복해서 앞을 보는 결과에 익숙해져 있지요. 하지만 저는 어릴 적부터 어머니께서 가르쳐준 말씀대로, 수술을 끝낸 것만으로 나의 책임이 끝난 것이 아니라 마지막까지 친절과 헌신으로 환자를 보호해주어야 한다는 생각과 자세를 가지게 되었습니다.

뿐만 아니라 어머니는 행복한 가정의 중요성을 일깨워주신 분입니다. 어머니는 시각장애인인 아버지의 헌신적인 아내일 뿐 아니라, 제 동생과 저에게 하나님을 경외하는 신앙을 심어주셨고 저희 가정을 위해 정말 많은 것을 희생하셨습니다. 이제 저도 남편이 되고, 세 자녀의 아버지가 되고 보니 그 어느 때보다 어머니의 희생이 가슴으로 느껴졌습니다. 당신 자신보다도 가족에 대한 헌신과 사랑이 항상 먼저였다는 것에, 뜨거운 감사를 드립니다.

저도 어머니처럼 나의 가족에게 최선의 것들을 주기 위해 노력하고 있습니다. 어머니는 그렇게, 제 삶 전체에 말로 표현하기 어려울 정도로 엄청난 영향을 미치고 있습니다. 오늘날 제가 한 가정의 가장으로, 남편으로, 세 자녀의 아버지로 행복한 삶을 살아갈 수 있고, 안과의사로, 교수로, 글로벌 리더로 우뚝 서게 된 것은 모두 어머니의 인내와 헌신적인 사랑의 결과였음을 고백합니다. 그리고 그 사랑에 뜨거운 감사를 드립니다.

진석이의 글에 이어 진영이의 글도 여기에 옮겨보려 한다.

나의 어머니는 저를 많은 사람들이 좋아하고 사랑하는, 모나지 않은 전인적 인격의 소유자로 기르셨습니다. 물질만능주의, 학문적인 성공 또는 큰 성취를 넘어서 존재하는 고귀한 가치를 추구하도록 끊임없이 노력하신 어머니는 제 인생의 원동력이 되어주셨습니다.

지금도 저는 초등학교 시절 형과 제가 번갈아가며 영한 성경의 잠언을 영어와 한글로 교대로 읽던 기억이 생생합니다. 어머니는 저희가 영적으로 기독교 신앙 안에서 성장해가면서 성경을 통해 참지혜를 배우도록 지도하셨지요. 오늘날 제가 물질적 성공을 따라가지 않고 아름다운 세상으로 변화시켜보고자 하는 꿈을 가진 것도 그때 어머니의 노력 때문이라고 생각합니다. 그 덕분에 저는 현재 대통령을 모시고 일하는 더욱 막중한 임무를 띠고 최선을 다하고 있습니다.

이제 성인이 되었지만 아직도 어린 시절 어머니와 함께 보냈던 아름다운 추억들을 잊을 수가 없습니다. 저는 어린 시절 형에 비해 운동신경이 둔한 편이라 동네에서 하는 농구, 야구, 축구 경기에서 선수로 뽑히지 못해 늘 열등감을 갖고 있었는데, 그때 어머니는 저를 다른 사람과 비교하지 않고 저 자신과 경쟁하는 운동을 시켜주셨습니다. 테니스부터 시작하여 줄넘기, 수영, 달리기, 자전거 타기 등 혼자 끈기와 지구력을 계발하도록 도와주셨지요. 그 결과 저는 시카고 대학 1학년 시절 여름에, 세 가지 종목(수영, 자전거, 달리기)을 함께 하는 경기에 출전할 수 있었습니다. 새벽 네시에 출발해 한 시간이 걸리는 시카고 호수까지 어머니는 직접 운전해서 저를 데려다주고 응원해주셨으며, 골인 지점에 들어오는 저를 끝까지 기다렸다가 사진도 찍어주는 열정을 보여주셨지요. 그 후 저는 26마일 마라톤 지역 대회에 종종 참가하면서 어머니의 사랑에 깊이 감사하곤 합니다.

언젠가 아내와 함께 워싱턴에서 마라톤 대회에 참여했을 때도 어머니는 응원자로 나오셔서 격려도 해주시고, 맛있는 점심도 사주셨습니다. 그렇게 늘 따뜻했던 어머니는 늘 "마라톤은 등수가 아니라 끝까지 달려 끝맺음을 하는 것이 가장 중요하다"고 말씀해주셨습니다. 그래서 많은 사람들이 결승선(the finish line)에 들어오는 것에 역점을 두고 끝맺음을 한 데 대해 자랑을 하는 것이라고요.

어머니는 수공예와 음악을 좋아하셔서 제가 어려서부터 교회에서 합창반에 들어가 찬송을 부를 수 있도록 하셨어요. 중고등학교 시절에는 제가 선택한 악기인 색소폰을 열심히 연습하도록 격려해주셔서 전인교육을 받도록 배려해주셨지요. 그리고 웬만한 집안일은 항상 저와 형이 함께 고치거나 뜯어 맞추고, 붙일 수 있도록 지도해주셔서 성인이 된 지금도 웬만한 것은 아내와 제가 목수 역할까지 할수 있게 되었답니다. 하루는 제 아내가 "어머니께서 아들을 잘 가르쳐주셔서 가정에서 제가 많은 도움을 받아요. 정말 감사합니다"라고 어머니께 말씀드리더군요.

어머니는 한국인의 후예로서 알아야 할 한글을 가르쳐주심은 물론, 한국의 전통 문화를 소개해주셔서 명절에는 세배하고 떡국을 먹고 윷놀이도 할 수 있었습니다. 바둑도 가르쳐주셨고요. 또한 미국에는 각종 명절이 있는데, 그중 3월 17일은 아일랜드의 수호성인 성패트릭을 기념하는 '성 패트릭의 날(St. Patrick's Day)'로, 초록색 의상을 입고 콘비프와 양배추를 먹는 날이지요. 어머니는 그날이 되면 꼭 밥상에 콘비프와 양배추 요리를 올려주셨어요. 언제 배우셨는지 몰라도 늘 글로벌 시대에 다른 문화를 배우는 것에 부지런하셨습니다. 저는 그런 어머니의 열정에 늘 감탄했고, 이제 저도 요리를 잘할수 있게 되었답니다.

이렇게 일상생활 속에서 일어나는 사소한 것들을 통해 보고 배운 경험이 제 생각과 가치관에 쌓이고 누적되면서, 오늘날 제 삶 속에

끈기, 지구력, 인내, 책임, 정직, 이해, 관용, 공감하는 마음으로 자리 잡게 되었습니다. 어머니는 그런 나의 롤모델이 되셨지요. 그런 어머니의 사랑과 헌신을 영원히 기억할 것이며, 뜨거운 감사를 드립니다.

: 나의 큰며느리, 에이미

진석이는 2002년 5월 4일, 신부의 고향인 인디애나 주의 인디애나폴리스에서 결혼식을 올렸다.

진석이가 하버드 대학 2학년에 재학중일 때, 해부학 수업을 같이 듣던 파란 눈의 아가씨 하나가 첫눈에 진석이에게 반해 계속 마음에 두고 있었나보다. 일찌감치 사랑 고백을 했지만 진석이가 "내 배우자는 한국인이어야 한다"고 해서 그 후로는 다시 말도 꺼내지 못하고 졸업반까지 가게 되었단다.

진석이가 스물일곱 살 되던 새해 첫날, 모두 활기찼고 제 짝을 데리고 온 진영이 덕분에 집안 분위기도 무척 화기애애했다. 그런데 홀로 있는 진석이가 무척 쓸쓸해 보여 마음이 좋지 않았다.

"진석아, 한국인이 아니어도 괜찮으니 내년 명절 때는 꼭 짝을 데리고 오렴."

남편과 의논 끝에 꼭 한인 며느리가 아니어도 좋으니 정말 마음

맞는 짝이 있으면 데리고 오라고 이야기했다. 그랬더니 진석이는 그동안 자신을 멀리서 바라만 보던 그 파란 눈의 아가씨를 다시 진지하게 생각하게 되었다. 아들의 권유로 그 아가씨를 만나보았는데, 한인이 아니라는 것 외에는 어느 한 군데 흠잡을 곳이 없었다.

파란 눈의 아가씨 에이미는 수석으로 고등학교를 졸업하고 명문인 워싱턴 대학을 4년 전액 장학생으로 다닌 재원이었다. 당시 인디애나 의학전문대학원 졸업을 5개월 앞두고 있었는데, 대학 시절에는 여자축구 선수로 활동할 만큼 건강했고 신앙심도 깊어 신붓감으로는 나무랄 데가 없었다. 전자 회사 중소기업 사장인 아버지에 공인회계사인 어머니를 둔 그 집안에서 오히려 진석이와의 교제를 반대하지 않을까 했는데, 전혀 그렇지 않다고 해서 기쁘게 둘의 교제를 허락해주었다.

진석이와 에이미는 1년여의 교제 끝에 모두의 축복 속에서 결혼을 하게 되었다. 결혼 초, 일 때문에 어쩔 수 없이 잠시 떨어져 지냈지만 그 시간 동안 서로를 그리워하는 마음도 커졌고 각자의 전공과정에 몰두할 수 있어서 더 좋았다고 한다. 지혜롭고 명석한 큰며느리를 볼 때마다 흐뭇하다. 두 아들을 키우면서 딸도 한번 키워봤으면 했는데, 이제 작은며느리까지 두 딸이 생겨 마음이 이렇게 풍요로울 수 없다. 큰며느리는 마음씨가 고와 나에 대한 애정을 글로 표현하기도 했다.

저는 백인으로 강씨 가문에 시집을 와 강씨 성으로 살아가는 것을 매우 기쁘고 감사하게 생각합니다. 제 성만 보고는 동양 의사인 줄 알고 찾아온 환자가 백인인 저를 보고는 깜짝 놀라기도 하지요. 그리고 제가 어린 세 자녀를 양육하는 엄마라는 사실에 더욱 놀랍니다. 어떻게 가장 바쁘다는 전임 산부인과 의사로 일하면서 세 자녀를 기르느냐는 것이지요. 그럴 때마다 저는 제 시어머니의 사랑과 도움이 아주 크다고 대답하곤 합니다.

물론 전임 보모가 있지만 세 살, 두 살인 남매가 각자 다른 교육 프로그램에 들어가야 할 때면 어머니는 보모와 함께 한 명씩 맡아 데리고 가주시고, 저녁이나 주말에 급한 일이 생기면 만사 제치고 달려와 저를 도와주십니다. 매주 일요일 아침마다 큰딸을 데리고 어린이 성경학교에 가서 신앙심을 길러주시지요. 그뿐 아니라 한국 동요와 한글, 세배하는 법과 종이접기까지 가르쳐주십니다. 이렇게 자상한 저의 시어머니는 다재다능하셔서, 이번 여름방학 때에는 어린이용 크로마하프를 사오셔서 정식으로 사람들에게 가르쳐주실 것이라고 합니다.

세 자녀가 성장하는 모습을 지켜보는 것은 제게 가장 행복한 일입니다. 그중에서도 잊을 수 없었던 것은 바로 아이들의 첫돌 잔치였습니다. 시어머니는 한국에서 특별히 주문한 예쁜 한복을 입히고, 모자를 씌워 돌상을 차려주셨습니다. 한국에 실타래를 잡으면 장수한다, 돈을 잡으면 부자가 된다, 책을 잡으면 학자가 된다는 풍습이 있다며 가르쳐주셨는데 참 재미있었습니다. 첫째 딸 예진이는 할아버지가 놓아두신 100달러짜리 지폐를 잡았고, 둘째 딸 수진이는 좋아하는 떡과 쿠키를 잡은 채 할아버지 손을 끌어다 소리 나는 장난감을 들려주는 모습이 귀여웠으며, 막내인 아들은 펜과 종이를 잡고 그림을 그리는 시늉을 했답니다. 그 모든 순간이 제겐 너무나 흥분되고 감동적인 순간이었습니다.

이렇게 자애로우신 나의 시어머니. 오래도록 건강하셔서 더 많은 경험과 노하우를 우리 젊은 세대에게 나누어주시고 전승해주시기를 간절히 바랍니다. 건강하고 마음씨 고운 아들을 낳아 훌륭하게 키워주시고 저희가 가정을 이루어 행복하게 꾸려가게 해주심을, 그 모든 사랑에 깊은 감사를 드립니다.

: 나의 둘째 며느리, 리즈

큰며느리 에이미가 넓고 고운 마음씨를 가졌다면, 둘째 며느리 리즈는 아이처럼 환한 미소와 애교를 가졌다. 진영이는 시카고 대학에 다니며 법학대학원 입학을 준비할 때, 같은 학년인 지금의 아내 리즈를 만났다고 한다. 일리노이 영재고등학교 출신에 시카고 대학에서 영문학을 전공한 리즈는, 진영이와 같이 졸업했지만 4년 과정을 3년 만에 마쳐 진영이보다 한 살 어렸다.

2002년 6월 15일, 진영이와 리즈는 두 사람이 처음 만난 시카고 대학 교회에서 결혼식을 올렸다. 진영이를 두 살 때부터 지켜보신 웨스트민스터 교회의 리처드 로저스 목사님이 주례를 맡아주셨는데, 두 사람이 워싱턴 정가에 변호사 부부로 좋은 영향을 미치겠다고 마음 깊이 기뻐해주셨다.

마음이 따뜻하고 어릴 때부터 기쁨이었던 진영이 못지않게 리즈도 가족을 잘 챙긴다. 특히 진영이가 어릴 적부터 한 아버지의 연설문과 편지 교정을 리즈가 도맡아 처리한다. 가족에 대한 사랑이 깊은 둘째며느리는 결혼식 피로연에서 "나의 시아버지는 이 세상에서 가장 존경받는 위인 중 한 분입니다"라고 말해서 박수를 받기도 했다.

두 사람은 워싱턴 근교에 행복한 가정을 꾸렸고, 오는 10월 첫딸이 태어날 예정이다. 우리 부부도 그 근처에 집을 얻어 둘째 부부와 자주 만나며 지내고 있다. 다음은 애교 많은 작은며느리가 언젠가 내게 보낸 편지글이다.

제가 장차 시어머니가 되었을 때 가장 본받고 싶은 인격을 소유하신 분. 그분은 바로 저의 시어머니이십니다. 저는 그분을 가슴 깊이 존경합니다. 어머니는 뜨거운 가슴으로 늘 다른 사람을 사랑하고, 아픔을 나누고 공감하는 마음을 가지셨으며, 자신보다도 더 가족을 사랑하는 분이십니다.

저는 7년 전, 어머니와 함께 보낸 아주 특별한 시간을 아직도 잊지 못합니다. 남편이 호주의회 초청으로 출장을 갔는데 변덕스러운 날씨 탓에 저는 심한 독감에 걸려 출근도 못 하고 외롭게 혼자 집을 지키고 있어야 했지요. 혼자 그렇게 끙끙 앓고 있을 때, 시어머니는 30분이 넘는 거리에 사는 저희 집에 매일매일 맛있는 음식을 손수 준비해 저를 찾아오셨습니다. 시각장애인인 시아버지를 섬기며 다른 돌볼 일도 많으신데 며느리인 저를 헌신과 사랑으로 간호해주시는 모습을 보면서 또 한 분의 어머니를 얻은 듯 깊이 감동했습니다. 그때 주신 감사한 은혜를 저는 아직도 잊지 못합니다.

더 잊을 수 없는 것은 그날로 인해 고부간에 소중한 추억이 생겼다는 것입니다. 결혼한 후 처음으로 장기간 동안 남편 없이 아프고 힘들었던 시기에 우리는 여자로서, 또 아내로서, 두 사람만 가질 수 있는 깊은 대화를 나눌 수 있었고, 그 시간은 우리가 서로를 여성으로 더욱 이해하고 가까워지게 한 소중한 시간이 되었습니다. 우리는 그 시간을 통해 둘 다 고전음악을 좋아하고, 여성에게 평등한 권익이 주어져야 하나 가정에서는 아내로서의 독특한 역할이 귀한 덕목이 되어야 한다는 가치관도 같다는 사실을 알게 되어 너무나 기뻤습니다.

무엇보다 시어머니의 젊은 시절, 시각장애인인 남편과 어린 두 아들을 양육하면서 교직생활을 하셨던 경험담은 저에게 산교육과도 같았고, 그 무엇에서도 배울 수 없는 소중한 교훈을 주셨습니다. 그 힘은 모두 그분의 깊은 신앙심에서 나온 것이라고 믿습니다.

그날 이후, 저는 시어머니를 더욱 존경하게 되었습니다. 그분의 인내심, 다른 사람을 이해하고 공감하는 마음, 조용하면서도 강인한 성품. 그 모든 것은 하나도 빠짐없이 배우고 싶은 것들이며, 시어머니는 나의 멘토이자 롤모델이십니다.

또.다.른.기.쁨.
할.머.니.로.서.의.
삶.

:손주와의 첫 만남

큰아들 진석이의 첫딸 이름은 '예진'이다. '진리를 추구하는 예쁜 아기로 예능에도 뛰어나면 좋겠다'는 뜻으로 남편이 지어준 이름이다. 진석이 이름의 '진' 자가 돌림자가 되었다. 영어로는 'Ava Catherine Kang'인데, Ava는 'full of life'로 '건강하라'는 뜻이고, 'Catherine'은 에이미의 중간 이름에서 따온 것이다.

둘째 이름은 '수진'이다. '진리를 추구하는 우수한 사람'이라는 뜻으로 아기가 순수하면서 그윽한 향기를 내는 여인이 되었으면 좋겠다는 바람을 담아 할머니인 내가 지어주었다. 수진이의 영어 이름은 'Clara Jane Kang'인데 'Clara'는 '맑고 총명하다'는 뜻이고, 'Jane'은 하나님의 은혜로 얻은 딸이라는 뜻이다.

막내 손자의 한국 이름은 남편이 진주 강씨의 서열 돌림자인 '구'를 넣어 '진구'로 지어주었다. '할아버지와 아버지 모두 미국에서 명문가 가정을 이루었으니 삼대째에도 가문을 빛내달라'는 소망을 담았다. 또한 '은혜의 하나님이 주신 아들'이라는 뜻의 'Jack'과 진석이의 영어 이름 'Paul'을 넣어 'Jack Paul Kang'이라고 영어 이름을 지었다.

첫 손녀딸이 세상에 태어난 것이 얼마나 기뻤는지, 우리 집에서 세 시간 넘게 떨어진 진석이의 집까지 수시로 예진이를 돌봐주러 다녔다. 세상의 모든 할아버지 할머니 들이 "아이고, 허리야" 하고 파스를 붙여가면서도 기쁘게 손주를 돌보는 것처럼, 나 역시 전혀 피곤한 줄 모르고 손녀를 볼 수 있다는 생각에 기쁜 마음으로 그 먼 거리를 달려갔다.

손녀들은 머리와 피부색은 백인인 엄마를 닮았고, 이목구비는 조금씩 진석이를 닮아간다. 첫째 예진이는 아빠를 닮아 급하고 행동이 재빠르며, 음악을 좋아한다. 둘째 수진이는 동양적인 이목구비에 여성적인 성격이라 소꿉놀이를 하거나 인형과 대화하는 것을 좋아한다. 수진이가 종종 그럴 때면 그렇게 귀여울 수가 없다. '나와 참 잘 통할 것 같은데, 언제까지 저 모습을 지켜볼 수 있을까……' 하는 생각에 조금은 서글퍼지기도 한다.

막내 진구는 엄마를 닮아 뼈가 굵고 튼튼하며, 셋 중에 머리도 가장 좋아서 어휘력이 풍부하고 표현도 잘한다. 두 누나 사이에서 자라며 언어나 동작을 빨리 배우고 따라 해서 그런 것 같다. 성격도 활발하고 낯선 환경에도 잘 적응하는 편이며 명랑해서 모든 사람에게 기쁨을 준다. 막내 진구와 함께 유아 교실에 가서 놀아주곤 하는데, 때때로 내가 무언가 도와주려고 하면 "할머니, 혼자 할 수 있어요"라며 나를 말리고는 스스로 손으로 맞추고 집어넣고를 곧잘 한다. 아무래도 안과 수술을 잘하는 자기 아빠를 닮은 모양이다.

큰아들 가족이 다섯 명이라 다섯 개가 한 세트인 그림이나 조각 들을 선물하곤 한다. 또 세 개가 세트인 물건을 보면 세 손주에게 주면서 "다정하고 행복한 형제자매가 되어라"라고 말해주기도 한다.

진영이도 첫아이와의 만남을 곧 앞두고 있다. 9월 18일에 베이비 샤워를 한다고 친구들이 모인단다. 진영이 부부가 아이를 가진 것이 얼마나 기쁘고 다행스러운지 모른다. 신혼 때는 일이 바빠 아이를 조금 늦게 갖겠다 해서 그런 줄로만 알았는데, 막상 가족계획을 세운 뒤에도 아이가 생기지 않아 내심 걱정했었나보다. 늘 그랬듯 하나님 앞에 기도 제목을 놓고 간절히 기도했다.

3년 전 수진이가 태어났을 때 진영이 부부가 수진이를 안고 찍은 사진을 침대 머리맡에 놓고 매일 기도하는가 하면, 오래전 남편과 중국여행을 갔을 때 사온 엄마와 딸, 엄마와 아들, 두 쌍의 조각상을 보며 기도하기도 했다. 그 조각상들은 중국 유명 조각가의 작품이었는데, 좀 비싸긴 했지만 작은며느리가 아이를 낳으면 선물로 주려고 설레는 마음으로 사왔었다. 하지만 응답이 없기에 혼자 '이것도 하나님의 뜻인가' 하며 안타까워했었다.

그런데 드디어 아기가 생긴 것이다. 리즈에게 그 선물을 줄 수 있어 참으로 기쁘고 감사하다. 요즘은 태교에 도움이 되라고 이메일로 좋은 글과 아름다운 그림을 보내주고 있다. 무엇보다 내가 두 아들을 키우는 데 큰 힘이 되었던, 성경 안에서 찾은 자녀교육의 몇 가지 원리를 두 며느리 모두에게 주며 자녀를 키울 때 이를 항상 마음에 새기라고 당부했다.

1. 건강한 자화상을 심어주어 자신에 대한 확신과 믿음을 갖게 도와줌. (빌립보서 4장 13절)

2. 고난을 극복하는 자세를 배우고 용기와 인내로 덕을 행하는 아름다운 삶을 살도록 함. (갈리아서 6장 9절)

3. 아빠와 엄마가 서로 사랑하는 것을 자연스럽게 보여주어 신뢰와 존경심으로 부모를 공경하게 함. (에베소서 5장 22~23절)

4. 모든 겸손과 온유로 용서와 관용의 자세를 익히게 하여 참된 지도자의 성품을 키워줌. (에베소서 4장 2절)

5. 인간관계의 중요성으로 자기 일에 충실함은 물론이며 동료들과 상호협력하고 섬기는 관계를 맺음. (빌립보서 2장 4절)

6. 항상 기뻐하고 쉬지 말고 기도하며 범사에 감사하는 마음을 갖도록 가정에서 부모들이 롤모델이 되고 특히 가정에서 함께 기도하며 하나님을 경외하는 모습을 보여줌. (데살로니가전서 5장 17절)

7. 함께 교회에 가고 함께 섬기므로 하나님을 믿고 의지하는 삶을 보여주면 자녀들의 삶이 안정을 얻게 됨. (히브리서 10장 22~25절)

8. 하나님을 사랑하는 자, 곧 그분의 뜻대로 부르심을 입은 자에게는 당하는 모든 시련이 합동하여 유익을 가져온다는 믿음을 심어줌. (로마서 8장 29절)

: 못 말리는 손주 사랑

손주를 돌보는 기쁨은 젊었을 때 내 아이를 키우며 느낀 기쁨과는 또 다른 맛이 있었다. 비단 나만 그런 것이 아닌, 세상의 모든 할머니와 할아버지 들이 느끼는 것이리라.

미국에서는 매년 노동절 다음 일요일을 '조부모의 날'로 정하고 있는데, 손주를 키우면서 느꼈던 재미와 기쁨을 「못 말리는 손주 사랑」이라는 제목으로 2010년 조부모의 날, 미주 한국일보에 기고했다.

첫 손자를 본 할머니가 얼굴에 기쁨이 가득한 홍안이 되어 자리에

앉자마자 사진을 꺼내 좌우 친구들에게 돌리면서 아주 건강히 잘 먹고 잘 자고 잘생겼지, 방긋 방긋 웃어, 이 녀석이 나만 보면 좋아서 두 손을 벌리고 안아달래, 내가 이 재미로 살아 등등 계속되는 손자 자랑이 끝이 없다.

할머니들 사이에서 "손자 자랑하려면 돈 내고 하세요. 그래야 그 이야기 끝까지 들어줄 터이니"라는 말이 유행이다. 노년이 되면서 내 자손을 통해 후손을 보았다는 그 기쁨. 손자들하고 놀면 특별한 엔돌핀이 나온다며 힘에 겨운 줄도 모르고 안아주고 업어주고 맛있는 음식 만들어가지고 가고 매일 보고 싶어 또 간단다.

첫 손자를 본 할아버지도 그 기쁨은 할머니 못지않다. 작년에 아여모(아름다운 여인들의 모임)에서 처음으로 조부모의 사랑 이야기를 공모했을 때 당선작에 뽑힌 김춘식 할아버지의 글 '손자는 친구, 손자는 애인, 손자는 왕' 중에 "나는 생애 최고로 즐겁고 행복한 시간을 보내고 있다. 손자와 같이 있는 시간이 얼마나 행복한지 70 평생에 처음 느껴보는 기분이다. 다들 바보 같은 영감이라고 흉을 보아도 좋다. 나는 행복하니까"라는 내용이 있다.

백인 조부모들의 손주 사랑도 뒤지지 않는다. 매일 먹는 커피 잔에, 티셔츠에, 가방에 손주들의 얼굴을 새겨넣고 자랑스럽게 입고 다니며 손주들 사진을 보고 또 보고 한다.

1978년 지미 카터 대통령 때 노동절 다음 주일을 조부모의 날로 정했고, 캐나다에서는 1995년에 9월 둘째 일요일을 조부모의 날로 정해 가족 구성원에서 조부모의 역할에 중요성을 부여했고 조부모를 공경해야 한다는 교육을 시키며 특히 초등학교에서는 조부모들을 초청해 학예회를 열어 즐거운 시간을 마련하기도 한다.

이제 나에게도 세 명의 손주가 있는데 다행히 가까이 30분 거리에 살고 있어 얼마나 큰 축복이며 기쁨인지 모른다. 큰손녀는 초등학교 1학년이 되었고 둘째 손녀는 두 살, 셋째 손자는 한 살이다. 나도 다른 할머니 못지않게 극성을 부리면서 열심히 손주들을 보러 간다. 첫 손녀딸이 출생했을 때는 인디애나에 살았었는데 며느리의 친정이 인디애나에 있어 몸조리를 하려 한 달을 갔을 때, 우리 집에서 세 시간 떨어져 있는 그곳으로 교직에 있을 때라 주말을 끼고 2일은 결근하면서까지 4일을 매주 보러 갔다. 지금 생각하면 어디서 그런 힘이 나왔는지 모른다. 확실히 특별 엔돌핀이 생산된 것 같다.

요즘은 며느리가 산부인과 의사로 당직을 할 때면 저녁에 가서 아홉시까지 봐주고 오고 아들 내외가 저녁에 외출할 일이 있다고 부탁하면 빨리 저녁해놓고 가서 재워주고 밤 열한시가 되어서 돌아오기도 했다. 아들 내외는 할머니가 교직에 28년을 있었으니 자기 아이들을 교육적으로 잘 데리고 논다며 자주 와주기를 은근히 바라는 눈치라 틈만 나면 간다.

이번 돌아오는 9월 12일 미국 조부모의 날을 다시 맞이하면서 우리 한인 조부모님의 손주 사랑도 더욱 보람 있고 기쁨이 가득한 행복한 날이 되기를 빈다.

꿈.을. 향.한.
노.력.에.는.
은.퇴.가. 없.다.

: 노년의 새로운 삶, 아여모로 시작하다

교직생활에서, 또 두 아들의 엄마생활에서 은퇴한 뒤, 남편과 워싱턴 근교의 작은 아파트로 이사했다. 작은 집이라 청소도 쉽고, 아파트이니 마당을 관리할 일도 없어 참 편해졌다. 더구나 남편은 소리 나는 컴퓨터를 사용할 수 있게 되어 이제는 혼자서 이메일도 잘 주고받는다. 옆에서 일일이 읽어줘야 할 시간이 줄어든 것이다. 게다가 이곳에는 장애인에게 교통편을 제공해주는 'Metro Access' 라는 제도가 있어 미리 예약을 하면 편도 6~7달러에 이용할 수 있어 무척 편리했다. 남편이 가는 곳이면 어디든 운전해야만 했던 예전과 달리 이제는 남편과 동승만 해도 되고, 가끔 나 없이 남편 혼자서도 나들이를 할 수 있게 되었으니 말이다.

덕분에 이제 나만의 시간을 갖게 되었다. 두 아들 모두 40분 거리 안에 살고 있으니 시간만 되면 자유롭게 방문하는 것도 가능했다. 상상도 할 수 없는 이런 축복을 받고 보니 모두 하나님이 내게 주신 특별보너스이자 노후복지혜택이라는 생각이 든다. 이렇게 새로운 환경에 정착하면서, 그동안 이루고 싶었던 또 하나의 꿈을 들추어냈다.

그간 숙명여대 선후배들과 여성회, 가정상담소, 봉사기관 등의 행사에 참여하면서 연락하고 지냈는데, 그러면서 '우리 한인 1세들이 미국에 이민 와서 자리 잡아가는데, 좀더 순수한 이웃 봉사 여성기관을 만들어보면 어떨까?' 하는 생각이 들었다. 문제는 그렇다면 어떻게, 무엇으로 우리 한인 여성이 미국사회에 아름다운 향기를 전할 수 있을까 고민되었다. 이럴 때면 늘 하나님께 지혜를 구하는데, 참으로 신기하게 그때마다 그 문제가 쉽게 해결되곤 했다. 먼저 찬송을 부르고, 기도하고, 그리고 기다린다. 앞서 이야기한 바 있지만 이를 영어로는 'Praise the Lord, Pray to the Lord and be Patience', 즉 3P라고 하는데, 이렇게 하면서 기다리면 결국 하나님이 가장 좋은 길로 인도해주셨다.

하루는 뉴저지 주에 사는 한 권사님이 자신이 이끄는 '선한 이웃 선교회'에 와서 간증을 해달라고 전화를 주셨다. 그렇게 해서 만난 그 권사님은 다른 한인 기독교인들과 양로원을 정기적으로 방문해 봉사 활동을 하고 계셨고, 자연스레 나도 그 일에 참여하게 되었다. 크게 어렵지 않은 일로 한인 기독교인의 이웃 사랑을 실천하는 그분의 모습이 무척 인상 깊어, 친구들에게 바로 그 이야기를 했다.

"우리도 양로원을 찾아다니며 이웃 사랑을 실천하면 어떨까?"

모두 찬성했고, 그렇게 우리는 우리 지역의 양로원을 찾아다니며 봉사 활동을 하기로 했다.

"그럼, 우리 모임의 이름은 뭐라고 할까?"

"아름다운 여인들의 모임, 영어로 Enlightened Korean American Woman's Club, 어때?"

이렇게 해서 2006년 10월, 36명의 회원이 '아름다운 여인들의 모임(아여모)'을 결성하기에 이르렀다.

: 기독교적인 사랑을 실천하는 모임, 아여모

아여모의 목적은 "마음과 영혼이 약해질 때 아름다운 마음으로 서로 격려하고 사랑하며, 아름다운 세상을 만든 훌륭한 여인들의 삶을 흠모하고 배운다. 행복한 인생을 위해 아름다운 꿈을 가지고 목표를 세워 개척하고, 주어진 삶에 자족하고 감사한 마음을 품고 이웃의 아픔에 공감하는 아름다운 마음을 실천한다. 훗날 우리 후손들에게 아름다운 여인들의 정신을 남긴다"이다. 아름다운 마음을 추구하는 한인 이민 여성 중 연령이나 학력, 종교에 관계없이 기독교 정신에 근거한 사랑 실천에 공감하는 사람이라면 누구라도 이 모임에 참여할 수 있다.

아여모에는 다음과 같은 열 가지 실천 사항이 있다.

1. 밝은 미소로 먼저 인사한다.
2. 사랑한다는 말보다 사랑하는 마음을 전하고 인내한다.
3. 아름다운 언어를 사용하여 행복을 나눈다.
4. 남의 실수를 이해하고 관용을 베푼다.
5. 남을 돕는 데서 즐거움을 찾고 아름다운 추억을 만든다.
6. 외로운 분들에게 전화와 이메일로 안부를 전한다.
7. 날마다 책을 읽고 지식과 지혜를 이웃과 나눈다.
8. 행복한 가정에 소중한 여인의 자리를 굳건히 지킨다.
9. 항상 기뻐하고 쉬지 말고 기도하며 범사에 감사한다.
10. 나로 인해 세상이 조금 더 아름답게 되기를 갈망한다.

순수한 자원 봉사기관인 아여모는 회비와 후원금, 바자회를 통한 모금 등으로 지난 5년간 여러 곳을 도왔다. 격월마다 정기적으로 다섯 곳의 양로원을 방문하는 것 외에도 우리는 한인 노인기관,

한인 여성 가정폭력 피해자 돕기, 이웃 미국 장애인 기관과 한인 밀알 선교 후원하기, 한인 맹인 대학생들을 위해 총 12권의 교과서를 녹음 제작해서 제공하기, 맹인 유학생에게 장학금 후원하기, 구세군 자선냄비 모금 활동 후원하기, 국제결혼 가정 선교회 지원하기, 한국컴패션을 통해 두 소녀 후원하기, 버지니아 총기 사건 피해가족 후원하기, 싱글맘 후원하기 등을 통해 지역사회 발전을 돕기 위한 따뜻한 마음을 전하고 있다. 현재 100여 명의 회원과 후원회원이 아여모 활동에 동참하고 있고, 창립회장이었던 나는 지금까지도 수입의 십일조를 아여모에 내고 있다. 나이가 들어서도 이렇게 다른 이들에게 도움을 줄 수 있다는 것이 내게 얼마나 큰 기쁨인지 모른다.

모든 사람은 저마다의 가슴에 길 하나를 내고 있습니다.
그 길은 자기에게 주어진 길이 아니라 자기가 만든 길입니다.
(중략)
산다는 것은 신나는 일입니다.
남을 위해 산다는 것은 더욱 신나는 일입니다.
남을 위해 사는 방법 가운데 내 삶을 나눔으로써 다른 사람에게 용기와 지혜를 주는 방법이 있습니다.
(중략)
동행의 기쁨, 끝없는 사랑, 이해와 성숙, 인내와 기다림은 행복입니다.

　사랑하고 용서하는 일이 얼마나 좋은 일인지 나는 분명히 느낄 것
입니다.

—용혜원, 「나를 사랑하는 방법」에서

　다양한 후원 활동과 더불어 아여모에서는 이민 여성 수기, 어머
니 수기, 조부모 수기 공모 등을 통해 한인사회의 밝은 미래를 개
척해가는 사람들을 매년 선정해 시상하고, 1년간 가장 많은 봉사
활동을 한 회원에게 아름다운 여인상을 수여한다. 회원 중에는 생
활영어나 옷수선을 지도해주면서 이민 초기 여성을 돕는 이들도
있다. 나 또한 4년 전 크로마하프를 배워, 아여모 내에서 10여 명
과 크로마하프 찬양단을 결성해 양로원 봉사를 함께했고, 우리 지
역 세 군데 교회에서 30여 명에게 크로마하프를 지도했다. 이처럼
점점 다양하게 활동 영역을 넓혀나가는 아여모, 앞으로도 그 밝은
빛을 미국사회에 비춰주길 진심으로 바란다.

⁞ 내게 새로운 활력을 주는 것들

　봉사 활동은 주위 사람들에게도 도움이 되지만, 내게도 새로운
힘을 준다. 젊은 여인과 함께 일하니 나도 젊어진 듯한 데다, 교직

194

을 그만둔 후에도 오랜 꿈이었던 '남을 돕는 일'을 계속할 수 있으니 이보다 더 기쁠 수 있을까.

아여모 활동 외에 교회에서도 활력을 얻는다. 내가 7년 가까이 다닌 워싱턴 중앙장로교회는, 교인이 5천 명이 넘는 이 지역에선 가장 큰 교회다. 처음에는 너무 다양한 교인이 모여 있어 좀 어색했는데, 얼마 전에는 '순(筍)모임'이라는 새로운 제도가 생겨 마음 맞는 교인끼리 모일 수 있게 되었다. '순'이란 한 나뭇가지에 순이 돋아난다는 의미로, 순모임 하나당 12명으로 인원이 제한된다. 자신이 어떤 그룹을 원하는지를 적어내면 부목사님들이 알아서 순을 알선해주신다. 나는 예순이 넘었지만 여성만의 모임이 좋았고, 오랫동안 교직생활을 하며 어린 학생들과 지낸 덕분에 생각도 움직임도 빨라, 더욱 젊게 살고자 하여 '육십대 미만의 여성 그룹'으로 정해달라고 요청했다.

우리 아파트 근처의 순모임에 처음 참석해보니 대부분이 사오십대 여성들이었다. 순장은 겸손하고 돈독한 믿음을 가진 권사님이셨는데, 분위기도 화기애애하게 잘 이끌어나가 바쁜 남편을 떼놓고 계속 그 순모임에 나가게 되었다. 모임명은 '방주안'으로, '노아의 방주 안으로 들어간 여인들의 모임'이라는 뜻이다.

'방주안' 사람들과 매주 교제하며 성경을 읽고 함께 보내는 시간은 무척이나 즐겁다. 어린 동생들과 함께하는 곳인 만큼 방주안 모임에 갈 때면 좀더 젊어 보이기 위해 밝은색 옷을 입고 예쁘게 화장하는데, 모두들 "큰언니가 제일 예쁘다"고 칭찬해주곤 한다. 나이가 들수록 젊은이와 가까이해야 도전도 받고 새로운 생각도 배울 수 있다던데, 방주안을 통해 그런 기회를 얻을 수 있어 고맙기만 하다.

아직 건강한 편이라 비타민 외에 달리 복용하는 약이 없지만, 이제 조금씩 기력이 약해지는 것을 느낀다. 마음은 아직 청춘이고 목소리도 꽤 젊은 편이라고 생각하고, 많은 사람들이 생기가 넘친다고 말해주지만 세월이 가고 나이 드는 것은 어쩔 수가 없다.

건강을 위해 정부에서 운영하는 헬스 클럽에 등록해 1주일에 세 번 정도 운동도 하고, 수영도 하며, 조용한 데서 몸찬양 연습도 하니 '내가 이렇게 호강하는구나, 노후에 이렇게 축복받다니 정말 나는 행복한 사람'이라는 생각에 문득 가슴이 벅차오른다. '지금 내가 이토록 흠뻑 받는 은혜를 어떻게 갚을 수 있을까? 어떻게 하나님께 영광을 돌릴 수 있을까?' 하는 생각을 하다 보니 "네 이웃을 네 몸과 같이 사랑하라"고 하신 그 말씀처럼 더 늦기 전에 내 재능과 생각, 그리고 내가 받은 축복을 사람들에게 간증해야겠다는 데 생각이 미쳤다. 그 때문에 첫번째 책 『나는 그대의 지팡이, 그대는 나의 등대』를 썼고, 이제 두번째 책인 이 책을 쓰고 있다.

아직은 운전을 할 수 있으니 너무 멀지 않은 곳에 가서 사람들을 만나 상담도 해주고 크로마하프와 몸찬양을 가르쳐주기도 한다. 특히 내가 좋아하는, "내가 그리스도와 함께 십자가에 못 박혔나니 그런즉 이제는 내가 사는 것이 아니요 오직 내 안에 그리스도께서 사시는 것이라 이제 내가 육체 가운데 사는 것은 나를 사랑하사 자기 자신을 버리신 하나님의 아들을 믿는 믿음 안에서 사는 것이라" 라는 갈라디아서 2장 20절 말씀으로 만든 몸찬양을 매일 저녁 부엌에서 혼자 연습했다. 그런데 이를 아주 잘한다는 평을 받아 이제 간증 뒤에는 이 몸찬양을 항상 함께 하곤 한다.

한번은 로스앤젤레스 근교에 있는 한인 베델 교회에서 간증을 하고 몸찬양을 했다. 그러자 담임 목사님이 "너무나 은혜로운 순간이었습니다. 오늘 간증의 핵심은 이 몸찬양에 함축되어 있다고 해도 과언이 아닐 것입니다"라고 하시며 앙코르를 요청하셔서 이를 동영상으로 촬영하셨다. 얼마 전에는 그 교회 권사님이 전화로 "요즘 수요예배 때마다 그 몸찬양을 먼저 보고 따라 한 후에 예배를 시작한답니다. 그래서 많은 분이 그 찬양을 배웠어요" 하고 전해주었다. 하나님께서 주신 재능을 잘 사용하고 있다는 생각이 들게 해준, 참 반갑고 기쁜 소식이었다.

열 살 때 처음 교회에 가서, 성극에서 천사의 춤을 추게 된 것을 계기로 하나님을 만나게 되었는데, 이제는 예수님의 십자가를 껴안고 몸찬양을 하며 감사하게 된 것이다. 이를 허락하신 하나님의 뜻을 받들면서 더욱 순종하며 살리라라는 믿음을 주신 하나님, 그분의 은총에 나는 오늘도 감사한다.

베.푸.는.
삶.을.
실.천.하.다.

:나의 롤모델, 설리번 선생님 이야기

헬렌 켈러는 어렸을 때 심한 병을 앓은 후 시각과 청각은 물론 언어 능력까지 모두 잃어 삼중장애가 된다. 그러나 일곱 살 때 만난 설리번 선생님의 헌신적인 지도로 지금은 하버드 대학과 통합된 래드클리프 대학을 우등으로 졸업하고 저술과 연설을 통해 불가능을 기적적으로 가능으로 바꾸어, 전 세계 만인을 감동시켰다.

내가 봉사에 대해 관심을 갖게 된 것 역시 대학 1학년 때 감명 깊게 읽은 헬렌 켈러의 자서전 덕분이었다. 시각장애 중학생을 돕기 시작했을 때 그분의 자서전을 읽으며 설리번 선생님처럼 헌신

하겠다는 각오를 다지게 되었다.

1967년, 1년 동안 미국 필라델피아에서 연수교육을 받을 때, 보스턴 소재의 퍼킨스 맹농아학교를 방문해 헬렌 켈러와의 면담을 신청했다. 하지만 너무 쇠약해지셔서 외부와의 접촉을 끊고 계시다 하여 아쉽게 직접 뵙지는 못하고 그녀가 다닌 학교만 견학하고 왔다. 결국 내가 귀국하던 1968년, 헬렌 켈러 여사는 세상을 떠나고 말았다.

그 후 그분의 삶을 기념하는 많은 행사가 열렸다. 루스벨트 대통령은 대통령이 되기 전, 소아마비에 걸려 정계에 다시는 복귀할 수 없을 것이라 생각해 절망에 빠져 있었는데, 헬렌 켈러가 삼중장애를 딛고 우등으로 대학을 졸업했다는 소식에 큰 힘을 얻었다고 한다. 루스벨트는 그녀를 롤모델로 삼고 도전해, 대통령에 당선되었고, 그 후 그녀를 여러 번 백악관에 초청해 대화를 나누었다고 한다. 그때마다 루스벨트 대통령은 "내가 무엇을 도와주면 좋겠습니까?"라고 물었고, 그녀는 "맹인을 위한 녹음도서를 국가 차원에서 제작해 전국에 보급했으면 합니다"라고 대답했다. 그것을 계기로 맹인용 녹음도서 제도가 미국은 물론 전 세계에까지 도입되었다.

경제대공황의 후유증에 시달리던 미국인들에게 큰 위로가 되어준 헬렌 켈러 여사의 글은 20세기 최고의 글로 뽑히기도 했다. 여기에 『리더스 다이제스트』에 실린 헬렌 켈러의 「사흘만 볼 수 있다면Three days to see」을 옮겨볼까 한다.

첫째 날에는 나는 친절과 겸손과 우정으로 내 삶을 가치 있게 해준 설리번 선생님을 찾아가 이제껏 손끝으로만 알던 그녀의 얼굴을 몇 시간이고 물끄러미 바라보면서 그 모습을 내 마음속에 깊이 간직해두겠다. 그리고 밖으로 나가 바람에 나풀거리는 아름다운 나뭇잎과 들꽃들, 그리고 석양에 빛나는 노을을 보고 싶다.

둘째 날에는 먼동이 트며 밤이 낮으로 바뀌는 웅장한 기적을 보고 나서 서둘러 메트로폴리탄에 있는 박물관을 찾아가 하루 종일 인간이 진화해온 궤적을 눈으로 확인해볼 것이다. 그리고 저녁에는 보석 같은 밤하늘의 별들을 바라보면서 하루를 마무리하겠다.

마지막 셋째 날에는 사람들이 일하며 살아가는 모습을 보기 위해 아침 일찍 큰길에 나가 출근하는 사람들의 얼굴 표정을 볼 것이다. 그러고 나서 오페라하우스와 영화관에 가 공연을 보고 싶다. 그리고 저녁이 되면 네온사인이 번쩍이는 쇼윈도에 진열된 아름다운 물건들을 보면서 집으로 돌아와 나를 사흘 동안만이라도 볼 수 있게 해주신 분께 감사기도를 드리고 다시 영원히 암흑의 세계로 돌아가겠다.

헬렌 켈러가 그토록 보고 싶어한 일을 우리는 날마다 아무 대가도 지불하지 않고 보고 경험한다. 하지만 우리는 그것이 얼마나 놀라운 기적인지 알지 못한다. 아니, 누구나 경험하고 사는 것처럼 잊고 지낸다. 그래서 헬렌 켈러는 이렇게 말했다.

내일이면 귀가 안 들릴 사람처럼 새들의 지저귐을 들어보라.
내일이면 냄새를 맡을 수 없는 사람처럼 꽃향기를 맡아보라.
내일이면 더이상 볼 수 없는 사람처럼 세상을 보라.

내일 이 모든 것을 할 수 없게 된다면, 오늘 내가 할 수 있는 이 일이 얼마나 소중하고 놀라운 기적인지 깨달을 것이라는 뜻이다. 헬렌 켈러는 결코 포기하지 않고 자신은 물론 전 세계 맹농아재활과 복지, 인간정신문화에 큰 공헌을 했다.

오늘 누구에겐가 도움이 되게 하소서

헬렌 켈러의 눈과 귀, 그리고 목소리가 되어준 설리번 선생님처럼, 나도 평생을 그렇게 살기 위해 노력했다. 그것은 나의 꿈이자 소명이었다. 맹인의 아내로서 평생을 헌신했고, 또 두 아이의 엄마로서 가장 신앙적인 양육을 위해 노력했다. 그리고 이제, 본격적으로 이웃을 돕기 위한 나의 꿈을 이루어가고 있다.

2006년 1월 6일, 한양여대신문에 「온 누리를 봉사 실천의 장으로」라는 제목으로, 바로 전달에 진행한 강연 내용 소개글이 실렸다. 2005년 12월의 어느 날, 150여 명이 넘는 학생이 강연을 듣기 위해 기다리고 있는 한양여대 세미나실로 향했다. 한양대의 건학

이념이 '사랑의 실천'이었기에, 이에 공감하는 여대생들 앞에서 내 삶을 나눈다는 것이 참으로 기뻤다.

사회자는 나를 "미국을 밝힌 한국인 사회봉사자이자 현대의 신사임당"으로 소개했다. 과분한 칭찬에 쑥스러웠지만, 차분하게 지난 삶을 한국의 귀한 딸들에게 진솔하게 들려주기 시작했다. 어릴 적 부모님에게 배운 '공감하는 마음'에 대해 설명하며 대학 1학년 시절 맹인 소년을 만나 오늘에 이르기까지 45년간 살아온 이야기를 해주니, 모두들 드라마에나 나올 법한 이야기라도 듣는 것처럼 놀란 표정이라 인상적이었다. 그중 한 학생은 자신도 현재 맹인 학생에게 봉사하고 있는데, 남을 배려하고 돕는 그 시간에 참으로 깊은 행복과 보람을 느낀다고 말해주었다. 다른 한 학생은 남편의 이야기를 바탕으로 MBC에서 제작한 김혜수, 안재욱 주연의 특집극 〈눈먼 새의 노래〉(1994)를 감명 깊게 봤다고 하여 내 강의를 더욱 빛내주었다.

내 삶에 대한 진솔한 이야기와 더불어, 인간은 누구나 하나님의 형상대로 지음을 받은 존귀한 존재라는 기독교 원리를 강조했다. 우리 모두 평등하다는 인식을 갖고, 각자 다른 재능과 은사를 잘 계발해, 졸업 후 사회에 나가 사회인으로서 이웃과 지역사회, 국가를 위해 내가 무엇을 할 수 있는지 고민해보고, 지금부터 그 아름다운 꿈을 펼쳐보기 바란다고 덧붙였다. 그리고 "우리 여성의 독특한 덕목은 바로 인내하며 사랑하는 마음, 용서하는 마음, 희생하는 마음입니다. 이 덕목을 통해 여러분은 행복한 가정의 아내로서, 어머니로서, 소중한 여인의 자리를 지켜야 하며, 그 모든 행복은 우리 스스로가 가꾸어가야 하는 것입니다. 남과 비교하는 것이 아니라 내 안에 있는 것, 내가 가진 것에 대해 감사할 때에야 비로소 진정한 행복을 느끼게 됩니다"라는 말로 강의를 마쳤다.

2004년, 자전 에세이 『나는 그대의 지팡이, 그대는 나의 등대』 출간 후 판매 인세와 간증 집회, 강연을 통해 받은 사례비를 모아 한국 시각장애인 10명에게 대학입학 격려금을 주었다. 한번은 젊은 시절 군복무중 시력을 잃고 절망에 빠졌으나 뒤늦게 신앙의 힘으로 신학을 공부하셨다는, 로스앤젤레스에 계신 한 목사님의 이야기를 듣게 되었다. 그분은 비전 시각장애인 센터를 운영하면서 한인 시각장애인에게 컴퓨터 사용법을 가르쳐주고 계신다고 했다.

마침 2010년 10월 로스앤젤레스에 갈 기회가 있어, 그분을 뵙고 시설을 둘러보게 됐는데, 대화중에 그곳의 어려운 상황을 알게 되었다. 현재 사용중인 건물을 주인이 내놓았고, 그것을 사려면 다운페이로 몇만 달러를 더 내야 하는데 그 돈을 갑자기 마련하기가 어렵다고 했다. 이 상황을 듣고 나는 기도했다. 하나님은 한 달이 되든, 일 년이 걸리든, 언제나 내 기도에 응답해주셨기 때문에 이번에도 문제를 놓고 기도했다.

사람들은 모두 내게 "당신은 어떻게 기도하기에 하나님이 그렇게 다 들어주시나요?"라며 그 비결을 묻는데, 그럴 때면 나는 3P를 소개한다.

1. Praise the Lord: 마음이 괴롭고 답답할 때 하나님을 찬양하는 찬송을 자꾸 부르세요.
2. Pray to the Lord: 쉬지 말고 기도하세요.
3. Be Patience: 포기하지 말고 인내하며 기다리세요.

그때도 얼마 지나지 않아 그분을 위해 모금을 해야겠다는 지혜가 떠올랐다. 그때까지 특별히 모금 활동을 하지 않고 적게나마 내가 가진 것을 함께 나누려 했는데, 아무래도 늘 한계가 있어 안타까운 적이 많았다. 이번에는 온전히 그 맹인 목사님의 사역을 돕기로 하고 그분이 원하시는 교회를 먼저 선택하게 한 다음, 내가 아는 또 다른 목사님께 부탁을 드려 교회를 다니며 간증으로 호소해 4542달러를 모았다. 큰돈은 아니었지만 그분께 보탬이 되고자 직접 이곳저곳을 뛰며 모은 것이라 무척 보람 있었다.

누군가를 위해 무엇을 할 수 있다는 것. 그것은 그 일의 크기와 관계없이 나를 항상 기쁘게 한다. 그러한 이웃 사랑에 대한 실천은 곧 하나님이 내게 주신 끝없는 은혜에 보답하는 길이라고 믿는다. 내게 꿈을 주시고, 그 꿈을 통해 내가 받은 감사를 갚을 기회를 허락하신 것이 얼마나 기쁜 일인지 모른다.

과거가 결코 한 점도 헛되지 않았음에 감사하며, 앞으로 남은 생

동안 내가 할 수 있는 작은 사랑의 실천을 해나가는 것이 나의 마지막 목표다. 그것은 나의 꿈이자 희망이고, 나 자신을 가장 값지게 남기기 위한 귀한 삶의 걸음이기도 하다.

그.대.와.
함.께.여.서.
나.는.
행.복.합.니.다.

∶ 맹인과 함께한 50년

옛날, 한국에서는 맹인을 '장님'이라고 불렀다. 아마 맹인이 앞을 가리기 위해 긴 장대를 들고 다녔기 때문일 것이다. 요즘은 맹인을 공식적으로 '시각장애인'이라고 부른다. 그중에는 약시자도 포함되는데, 일반 프린트를 읽을 수 없는 사람, 색깔을 구별할 수 없는 사람, 밤에 불빛에 너무 자극받아 운전을 할 수 없는 사람, 시야가 좁아져 터널 비전만 남아 바늘구멍만큼 직선으로만 볼 수 있는 사람 등이 포함된다.

1961년 5월, 세번째 주일 오후에 시력을 거의 모두 잃고 형태만을 희미하게 알아볼 수 있는 한 소년을 만났다. 그는 혼자 부딪히지 않으려 애쓰며, 더듬거리며 조선일보사 뒤 소공동에 위치한 한국 걸스카우트 본부를 찾아 10여 명의 여대생들이 중고등학생을 지도하기 위해 훈련받던 방에 노크하고 들어왔다. 그때 난생처음으로 맹인을 만난 나는 큰 충격을 받았다. 맨 먼저 '얼마나 답답할까? 얼마나 불편할까? 어떻게 생활하지? 정말 불쌍하다'라는 생각이 들었고, 그것은 이내 내 마음을 온통 흔들었다.

그때 우리를 지도하셨던 분이 우리가 모은 후원금을 그에게 전달하고는 "잠깐 기다리렴, 내가 이 학생을 버스정류장에 데려다주고 올게"라고 하셨다. 그때 나도 모르게 벌떡 일어나 "제가 다녀올게요" 하며 그 기회를 놓치지 않기 위해 허락이 떨어지기도 전에 그 학생과 바깥으로 나갔다.

처음 대하는 맹인이라 어떻게 안내해야 하는지도 몰랐던 탓에, 그의 손목을 잡고 조금 앞장서서 걸었다. 막상 길에 나와 맞닥뜨린, 주위의 곱지 않은 시선에 나는 다시 한 번 당황했다. 그 당시에는 '장님을 보면 하루 종일 재수가 없다'는 미신이 있었던 모양이다. 그런 줄도 모르고 그저 담담하게 걸어갔는데 어떤 사람이 우리 앞에 침을 탁 뱉으며 "거참, 재수 없군" 하는 것이었다.

이렇게 절망적인 현실 앞에서 부모도 잃고 고아가 된 그는 오직 '하나님의 자녀는 세상을 이길 수 있다'는 한 가지 믿음으로 재활의 길을 걷고 있었다. 그는 분명 하나님은 자신의 약점을 통해 권능을 보여주실 것이며 그 영광을 받으실 것이라는 믿음으로 서울 맹학교에 입학했다고 털어놓았다. 그 이야기를 들은 나는 그 당시 자원봉사자였던 대한적십자사 청년봉사원으로 그와 1년을 지냈고, 그 후 6년 동안 오누이로 학부형 역할을 하며 그를 안내했다.

처음에는 내 눈으로 그가 보지 못하는 세상을 대신 봐주는 것이 전부였다. 내 눈을 통해 책을 읽어주고 길을 안내해주고 필요한 것을 구해다주고, 심부름을 해주었다. 시력이 필요한 일을 대신 보고 도와준 것이었다. 그런데 1967~1968년에 미국에 유학 가서 시각장애자 교사 훈련을 받으면서 맹인에 대한 관점이 달라졌다. 맹인의 눈이 되어주는 것이 아니라 청각, 촉각, 후각, 미각 등의 감각기관 및 방향 감각까지를 계발시켜 앞 못 보는 불편함을 대체할 수 있게 해야 한다는 것을 알게 되었다. 무엇보다 인상 깊었던 것은, 맹인이 혼자서 길을 걸어가고 횡단보도를 건너 빌딩을 찾아들어가는 모습이었다. 정말 신기했다. 어떻게 지도해야 그렇게 될 수 있는지를 유심히 지켜보고 특별 개인 지도를 받아 결국 보행 지도 교사자격증을 따냈다.

처음 교육을 받을 때 나를 지도해주신 분은 우선 내 눈을 가리고 맹인과 똑같이 느껴보라고 하셨다. 막상 눈을 가리니 처음에는 암담했지만, 차분히 마음을 가라앉힌 뒤 조금씩 움직이면서 교실 안의 의자도 만져보고, 벽을 따라 문으로도 나오고, 방향을 잡아가며 계단을 내려오니 입구를 찾아 나올 수 있었다. 물론 그곳의 구조에 대해 설명을 먼저 듣고 어느 정도 머릿속에 지도를 그려놨기에 쉬웠던 것이다.

언젠가 어느 여자 맹인의 집을 방문했을 때 무척 놀랐다. 집은 깨끗하게 정리정돈이 잘되어 있었고, 그녀는 요리에 바느질, 설거지까지 하며 살았다. 맹인안내견도 기르고 있었는데 관리를 어찌나 잘하는지 무척 감탄했다. 맹인이 촉각을 이용해서 손끝으로 점자를 읽으니 촉각이 예민하게 발달한 것은 사실이지만, 가정에서 필요한 도구를 특별히 개발해 편리하게 사용할 수 있다는 것을 그때 알게 되었다.

그렇게 새로운 경험을 쌓으며 미국에서 보행 지도 교사자격증을 따고 한국에 돌아와, 아주 가까운 몇 명에게만 알리고 지금의 남편인 강영우 박사와 약혼식을 올린 후 3년 동안 누나 역할을 조용히 계속했다. 당시에는 맹인과 결혼하는 것을 집안의 수치로 여겼기 때문에 2주 전에 겨우 결혼 발표를 하고 청첩장을 돌렸다.

남편을 그림자처럼 따라다니며 대학을 졸업하고 취업하는 과정을 도왔다. 살림과 동시에 뱃속의 아이를 출산하고 키우는 일은 감당하기가 쉽지만은 않았다. 되돌아보면 어떻게 그렇게 할 수 있었을까 싶은데, 그럴 때마다 좋은 글이 큰 힘을 주었다. 그중 하나가 유달영 선생의 「복 받는 삶」이다.

복 받는 삶은 운명이 아니다.

인생 창조의 산물이다.

복은 밝은 미소에서 싹터 자라서 피어나는 꽃이다.

복의 밑거름은 참음(忍耐)이다.

"못 참을 것을 참는 것이 진정한 참음이다."

(중략)

용서하기 어려운 것도 용서하라.

행복의 밭에 김매는 작업이라고 생각하라.

　힘겨운 시간을 긍정적으로 받아들이며 버텨내니 남편의 모든 상황이 예전에는 꿈도 꿀 수 없었을 정도로 좋아졌다. 남편은 나 없이도 지팡이를 사용할 수 있게 되었고, 가정에서 여자 혼자 할 수 없는 간단한 일을 도울 수도 있게 되었다. 이제는 혼자서 아파트 입구에서 인도를 찾아나가 한 시간 정도 맑은 공기를 마시며 걷는데, 종종 길에서 이웃 사람을 만나 교제도 한다.

　남편은 이제, 세계 방방곡곡을 다니며 간증과 강연, 또한 많은 저술 활동으로 삶을 보낸다. 하나님의 자녀가 어떻게 이 거친 세상을 이겨냈는지를 알리는, 산증인으로서의 사명을 다하고 있다. 여행할 때에도 특별히 밤낮에 예민하지 않아, 자동차나 비행기를 타면 도착할 때까지 깊이 잠드니 참으로 편하다.

　다른 신체장애에 비해 시각장애는 좀 불편한 것뿐 정상인과 함께 생활하는 데 큰 지장이 없다. 우선 대화가 통하니 의견을 나눌 수 있고 타자를 칠 수 있으니 문자로 교류할 수 있다. 또 걸을 수 있으니 팔목을 잡고 안내만 받으면 어디든지 자유롭게 다닐 수 있다. 그렇기에 다행스럽게도 지체장애인이나 청각장애인 들보다 훨씬 활발하게 사회 활동에 참여할 수 있다.

이제 그의 아내로 산 지 40년이 된다. 참 바쁜 나날이었지만 진정으로 기쁘고 보람차며 행복한 삶을 이루기 위해 부단히 노력했다. 그것을 이룰 수 있게 해주신 하나님께 감사드린다. 나는 "항상 기뻐하고 쉬지 말고 기도하며 범사에 감사하라"는 말씀을 늘 묵상하며 살아왔다.

한 사람을 위해 모든 열정을 아낌없이 다 바쳤으니, 하늘에 계신 하나님이 그 보상을 넘치도록 부어주셔서 '내 잔이 넘치는 것'을 생각하면 감격에 겨워 눈물이 흐른다. 이제 남은 삶도 우리 주님이 인도해주시는 대로 열심히, 더욱 활기차게 살아야겠다고 기도한다.

일평생 한 사람을 바라보면서 가정을 이뤄온 내게, 힘든 순간을 견디게 해준 좋은 말씀이 있었다. 지금도 나는 그 말씀을 묵상하면서 남은 삶을 기도로 채워나가리라 다짐한다.

✻ 사람이 마음으로 자기의 길을 계획할지라도 그의 걸음을 인도하시는 이는 여호와시니라. (잠언 16장 9절)

✻ 내게 능력 주시는 자 안에서 내가 모든 것을 할 수 있느니라. (빌립보서 4장 13절)

✽ 두려워하지 말라 내가 너와 함께함이라. (이사야 41장 10절)

✽ 여호와는 나의 목자시니 내게 부족함이 없으리로다. (시편 23
장 1절)

∶나이 들어가는 기쁨, 그리고 나의 기도

나이 들면서 가족과 이웃 들에게 고마운 마음을 일구고, 함께 미
소 지으며 살아갈 수 있다는 것은 정말 기쁘고 다행한 일이다. 어
쩌다 이런 행운과 함께 늙고 있는지, 그저 감사할 따름이다. 이제
는 어느 집단에서나 작은 밀알이 되어 행복하고 따뜻한 세상을 만
드는 데 조금이나마 동참하고 싶다. 베푸는 삶이 복된 것임을 깨닫
고 받는 축복, 누리는 축복보다 더 값진, 베푸는 축복을 실천하며
살고 싶다.

앞으로 더 나이가 들면서 이전보다 한층 깊은 기쁨과 설렘의 골
짜기에 들 수 있기를 간절히 기도한다. 늙었지만 젊고, 나이가 많
지만 싱싱한 영혼으로 현재를 살며, 미래를 깨우는 일에 정성을 바
치면서 끝없이 삶을 열어갔으면 좋겠다. 그런 소망을 담아 오늘도
정성을 다하는 하루가 되기를 기도한다.

언젠가 이런 내용의 글을 읽은 적이 있다.

"살면서 가장 행복한 사람은 사랑을 다 주고도 더 주지 못해서

늘 안타까운 마음을 가진 사람입니다. 살면서 가장 축복받은 사람은 베풂을 미덕으로 여기며 순간의 손해가 올지라도 감수할 줄 아는 사람입니다. 살면서 가장 마음이 넉넉한 사람은 욕심을 부릴 줄 모르고 비움이 곧 차오름을 아는 사람입니다. 살면서 가장 존경받는 사람은 덕을 베풀고 남을 먼저 생각하는 사람입니다. 살면서 가장 보람을 느끼는 사람은 일에 대한 보상과 이득을 따지지 않는 사고를 가진 사람입니다. 살면서 가장 용기 있는 사람은 자기 잘못을 뉘우치고 남의 잘못을 용서할 줄 아는 사람입니다. 살면서 가장 지혜로운 사람은 진정한 사랑의 의미를 깨닫고 실천하는 사람입니다. 살면서 가장 가슴이 따뜻하고 예쁜 사람은 차 한잔을 마시면서도 감사의 마음을 가진 사람입니다. 살면서 가장 아름다운 사람은 세상을 욕심 없이 바라보는 마음의 눈과 맑은 샘물처럼 깨끗하고 아랫목처럼 따뜻한 가슴을 지닌 사람입니다."

행복의 핵심은 보람이다. 보람은 무엇인가 가치 있는 것, 의미 있는 일을 성취했을 때 느끼는 흐뭇한 정신적 만족감이라고 했다. 늙는다는 것이 기쁨일 수 있다는 사실은 참 다행스럽다. 덧없음의 눈물만 흘리거나 남을 원망하면서 삶에 대한 허무감에 젖지 않고 지금의 나를 있게 한, 성스러운 존재에 감사하며 미소 지을 수 있다는 것은 정말로 기쁜 일이다.

정직하게 내 삶을 돌아보면 부끄럼 없이는 떠올리지 못하는 일도 많고 후회되는 일도 많다. 그런 과거에도 불구하고 현재 기쁘게 살고 있고, 남은 미래가 설렘으로 다가온다는 것에 참으로 감사하다.

그렇다고 늘 기쁜 것은 아니다. 해탈하지 않는 한 인간은 완벽하게 기쁠 수만은 없는 존재다. 그러나 인생의 큰 흐름이 기쁨과 설렘이라면 얼마간의 슬픔이나 우울 따위는 그 흐름 속에 쉽게 녹아 없어진다고 생각한다.

내가 자주 불렀던 찬송가의 가사처럼, 주님은 내가 마음이 괴롭고 아파서 낙심할 때에 소망을 주셨고, 세상 풍조가 나날이 갈리어도 내 믿음을 지키며 사는 인생이 덧없지 않도록 하셨다. 내가 가진 꿈이 참되도록 항상 은혜로 지켜주셨다.

그래서 오늘도 기도한다. 완벽한 기쁨에 대한 기도가 아니라, 여전히 문제가 생기면 지혜를 구하고, 두려움 앞에 그분의 강한 힘을 얻으려 기도한다. 항상 끊이지 않고 감사기도를 한다. 나의 작은 꿈이 그분의 일을 이루시는 데 작은 밀알로 쓰일 수 있다면, 그것으로 충분히 행복하다. 아니, 이미 충분하고도 넘치는 은혜로 다른 사람이 이룰 수 없는 많은 행복과 꿈을 이루었고, 남은 생을 설렘으로 기대하며 기다린다. 그래서 오늘도 내 기도는 결코 쉼이 없다.

나에게 고귀한 인간 생명을 주시는 순간부터 오늘에 이르기까지
내 생애에 역사하신 하나님께
내 마음 깊은 곳에서 우러나오는 뜨거운 감사를 드리나이다.
남은 생도 하나님의 뜻대로 인도해주시어

값진 삶을 살게 해주소서.

세상에 사는 동안 나에게 주어진 사명을 모두 수행하고

하나님께서 부르시는 그날

기쁘고 감사하는 마음으로 이 세상을 떠나게 하여주시옵소서.

해피 라이프

ⓒ 석은옥 2011

1판 1쇄 │ 2011년 10월 10일
1판 6쇄 │ 2017년 5월 25일

지은이 석은옥 │ 펴낸이 염현숙
책임편집 임혜지 │ 편집 오동규 │ 독자모니터 이민아 │ 디자인 김선미 최미영
마케팅 이연실 김도윤 양서연 │ 홍보 김희숙 김상만 이천희
제작 강신은 김동욱 임현식 │ 제작처 상지사 P&B

펴낸곳 (주)문학동네
출판등록 1993년 10월 22일 제406-2003-000045호
주소 10881 경기도 파주시 회동길 210
전자우편 editor@munhak.com │ 대표전화 031) 955-8888 │ 팩스 031) 955-8855
문의전화 031) 955-1933(마케팅) 031) 955-2672(편집)
문학동네카페 http://cafe.naver.com/mhdn

ISBN   978-89-546-1630-0 03230

www.munhak.com